自由贸易试验区的
浙江实践（二）

ZHEJIANG PRACTICE OF
PILOT FREE TRADE ZONE（二）

易传剑　全永波 ◎ 著

经济管理出版社
ECONOMY & MANAGEMENT PUBLISHING HOUSE

图书在版编目（CIP）数据

自由贸易试验区的浙江实践（二）/易传剑，全永波著．—北京：经济管理出版社，2019.7

ISBN 978 - 7 - 5096 - 6790 - 3

Ⅰ．①自…　Ⅱ．①易…②全…　Ⅲ．①自由贸易区—经济建设—浙江　Ⅳ．①F752.855

中国版本图书馆 CIP 数据核字（2019）第 154254 号

组稿编辑：杜　菲
责任编辑：杜　菲
责任印制：黄章平
责任校对：赵天宇

出版发行：经济管理出版社
　　　　　（北京市海淀区北蜂窝 8 号中雅大厦 A 座 11 层　100038）
网　　　址：www. E - mp. com. cn
电　　　话：（010）51915602
印　　　刷：三河市延风印装有限公司
经　　　销：新华书店
开　　　本：720mm×1000mm/16
印　　　张：14.5
字　　　数：216 千字
版　　　次：2019 年 7 月第 1 版　　2019 年 7 月第 1 次印刷
书　　　号：ISBN 978 - 7 - 5096 - 6790 - 3
定　　　价：88.00 元

前　言

　　中国（浙江）自由贸易试验区（以下简称浙江自贸试验区）自2017年4月挂牌以来，坚持改革开放、立足国家战略、对标国际标准、聚焦特色发展，特别是结合自身资源优势，在推进以油气全产业链为核心的大宗商品投资便利化贸易自由化方面不断进行大胆探索实践。挂牌两年多来，浙江自贸试验区探索形成59项制度创新成果，其中全国首创23项，6项被国务院复制推广，走在第三批自贸试验区前列。浙江自贸试验区始终把制度创新作为建设的首要目标，以"最多跑一次"的改革为牵引，在投资、贸易领域加速释放改革红利；率先开展国际航行船舶进出境通关无纸化和口岸港航通关服务一体化的"4＋1"功能，船舶通关时间从16小时缩减到2小时，舟山经验在全国推广。浙江自贸试验区在全国自贸试验区体现了鲜明的"浙江特色"和"舟山特色"。

　　为加快浙江自贸试验区建设，推进投资便利化和贸易自由化、探索建设舟山自由贸易港，充分发挥高端智库的重要支撑作用，2017年10月23日，浙江自贸试验区管委会与浙江大学、浙江海洋大学三方共同组建中国（浙江）自由贸易试验区研究院（以下简称浙江自贸区研究院）。浙江自贸区研究院自成立以来，总体实现了打基础、建制度、搭平台、聚人才、出成果的阶段性发展目标。近两年来，浙江自贸区研究院紧密结合浙江自贸试验区的建设和发展的问题，通过理论研究推动实务创新，初步形成了以大宗商品贸易、国际海事服务、金融财税、投资与产业发展、体制改革与法制保障五大特色研究为支撑的研究体系。

　　为了更好地持续放大改革效应，对浙江自贸试验区相关的改革成果进行深度挖掘和提炼，本书汇集了浙江海洋大学、浙江自贸区研究院的第二批研究成果。本书由研究篇、政策法规篇两部分组成。研究篇汇编了 8 篇不同视角的研究报告和论文；政策法规篇从总体政策、综合、投资贸易、通关监管、财政税收五大类选取了十余项浙江自贸试验区特有的政策。

本书得以完成是众多同人共同努力的结果，浙江自贸区研究院的各位老师为本书倾注了大量心血，特别是易传剑、殷文伟、俞树彪、叶芳、方晨、付雨芳、夏风等老师选取各自研究成果，同时字斟句酌，对本书初稿提出了许多宝贵意见，纠正不妥之处。他们对学术精益求精，对写作不断改进，在此我们向作者的毅力和专业精神致敬。

如果本书能够对广大读者起到点燃研究激情和指点引路的作用，我们的努力就没有白费。我们希望越来越多的学者加入自由贸易试验区研究队伍中来，用我们积累的知识为中国自由贸易试验区建设添砖加瓦。

目录

第一章　自贸研究的理论框架和国内外研究进展*

习近平总书记在党的十九大报告中提出"赋予自由贸易试验区更大改革自主权，探索建设自由贸易港"。这标志着中国将进入全面开放的自由贸易港（以下简称自贸港）新自贸时代。从上海建立第一个自由贸易区（以下简称自贸区）后，中国的自贸区在各地相继落地，国家共批准11个自贸区。中国达到一个新的开放高度，但是人们却把目光瞄准更高层次的、更高目标的自贸港，因为自贸港是世界上开放程度最高的区域，如我国香港特别行政区、新加坡市、迪拜市、鹿特丹市。建立自贸港呼声最高的是上海市，但是最终却落户海南省。习近平主席说："我们欢迎全世界投资者到海南投资兴业，积极参与海南自贸港建设，共享中国发展机遇、共享中国改革成果。"这是习主席向全世界发出的呼唤。它标志着海南省向着自贸港的目标迈进。这也是目前为止中国唯一公开宣布的自贸港。

目前，我国11个自贸区加起来的面积都比不上海南省大，海南省建立的自贸港是世界上最大的。很多人都以为自贸港是自贸区的升级版，其实这是错误的，虽然一字之差，但是这是两个完全不同的概念，而且功能和作用也完全不同。自贸区是境内关内贸易，它主要是货物贸易自由，主要是由海关把控的。自贸港是离岸关外贸易，它主要是货物、资金、人员自由流动，主要是由政府把控的。它是一线放开、二线管住的一个隔离区

---

* 课题负责人：夏风。

域（像我国香港特别行政区那样用铁丝网围起来）。自贸区得先报关后进货，而自贸港可以先进货后报关。

经过几十年的探索实践，我国在大多数货物贸易上基本实现能开尽开和关税大幅降低的自由贸易发展目标。那么，下一步开放的领域、方向和途径是什么？实际上，自贸港这个概念是浙江省在 2013 年《浙江舟山群岛新区发展规划》中率先提出的。浙江自贸试验区该如何做才能争取早日获批自贸港？本课题主要研究国内外自由贸易的进程和现状，并总结分析中国发展自由贸易值得借鉴的经验；论述自由贸易相关理论以及各种自由贸易组织、自由贸易谈判的发展情况；建立自贸研究的理论框架；为浙江自贸区研究院相关课题与后续研究提供系统的理论支持。

一、国内外自贸区研究进展

（一）国外自贸区研究进展

国外对自由贸易园区的概念分析和类型探讨相对较早。德国学者罗伯特·兹默特（Norbert Zimmert）将世界上各类开发区和特殊经济区归纳为六大类——保税仓库区（Bonded Warehouse Zone）、自由园区（Free Zone）、对外贸易园区（Foreign Trade Zone）、出口加工区化（Export Processing Zone）、经济特区（Special Economic Zone）、企业区（Enterprise Zone）以及银行自由区（Bank Free Zone）。针对自由贸易园区可能对经济发展产生的影响，国外学者从多种角度进行探讨。例如，Hamacla（1974）运用赫克歇尔—俄林框架分析了自由贸易园区的经济影响。

Hamilton 和 Svensson（1982）围绕自贸区如何影响生产的区位，分析在不同情况下对生产、消费和福利的影响，并得出资本的流入对自贸区的福利效应有所削弱的结论。Miyagiwa（1993）基于福利经济学的角度，探讨自贸区产业的相对要素密度对福利的作用，认为随着经济增长和外商投资的增加，自贸区的相对要素密度对福利变化起至关重要的作用。而后又深入研究了自贸区的正负效应。还有研究认为，自贸区的福利影响取决于自由贸易附带的再分配机制（Facchini & Willmann，1999）。从全球价值链的角度探讨自贸区的影响，认为自贸区是东道国经济发展助推剂，不仅可以推动本国企业参与跨国公司价值链中，还可提高其国际竞争力（Rhee，1990）。以分析主要国家进出口关系为核心，指出自贸区对进口提供优惠措施多于出口，不利于出口贸易发展（Da Ponte，1997）。此外，国外学者有关自贸区对世界经济影响的分析，主要围绕市场全球化、世界经济一体化、贸易自由化和生产共享论等基本理论进行探讨。综观而言，现有研究较为一致的结论是：自贸区在促进国际分工及国际交换扩大与加深的同时，又在加速实现市场全球化的过程中充当着催化剂的角色。

除了对效益或影响的研究，少数研究对自贸区的区位选择与空间演化进行分析。例如，Miyagiwa（1993）就发展中国家设立自贸区的城市与农村区位进行对比分析。Robert（1990）把自由港、对外贸易园区、出口加工区均囊括在内，根据特点和功能进行分类，在此基础上划分四个时间段来分析自由经济区空间演化特征。此外，诸多美国学者对遍布美国各州的对外贸易园区进行了一定的实证研究。Seyoum 与 Ramirez（2012）对美国对外贸易园区的实证研究分析表明，美国对外贸易园区汇集诸多寻求低成本的国内外企业，以增强中低技术密集型产业出口竞争力。Bolle 和 Williams（2012）基于美国对外贸易园区的经验数据，运用计量模型，证实对外贸易园区对美国经济发展具有不可替代的促进作用。与大多数聚焦于自贸区在区域经济中正向效应研究不同的是，Mathur 和 Mathur（1997）对美国刺激出口与转口贸易的自贸区政策的效果提出质疑，并进行检验，认为一些新的对外贸易园区的设立不是为了促进出口与转口贸易的增加，而是在出口与转口贸易发展基础上建立的，其目的只是利用政策优惠。除了美国，还有部分实证案例研究集中分析了发展中国家和社会主义国家出口加工区和经济特区的经济影响力及其在国家工业化过程中所起的作用。

（二）国内自贸区研究进展

我国早期对自贸区的研究始于20世纪80年代。初期除了对世界各地较为著名的自贸区的基本概况和运行规则进行介绍，主要是为了学习国际上成熟自贸区的发展经验和启示。例如，郭信昌（1987）在较早的论著中除了对自贸区的诸多理论问题进行阐释之外，着重介绍了我国台湾地区和香港的自由港区，并总结和探索我国经济特区的实践经验，也有对我国经济特区和外国自贸区进行对比的研究和经验借鉴。对自贸区经验借鉴多以发达国家自贸区为对象进行研究。20世纪80年代末90年代初，随着我国对外开放的脚步，陆续有学者探讨我国建立自贸区的可能性及分析自贸区对区域经济发展的效益和重要性。90年代，我国保税区成立后，一些学者开始对我国的保税区和世界自贸区进行比较分析。随着保税区的进一步发展，部分学者又开始研究保税区向自贸区的转型以及对建立自贸区的探讨。例如，李琳（2004）从世界范围的角度分析自贸区主要分布于西欧和北美等一些发达资本主要国家，一小部分大型自贸区位于发展中国家，并认为自贸区通常是优良港口或港口的一部分。

自2013年我国成立第一个自由贸易试验区之后，对自贸区的研究成果开始出现。主要是对自贸区的概念内涵和管理体系模式的分析。李志鹏（2013）认为，自贸区从本质上说不是产业形态问题，而是政策和制度的设计问题，核心是要积极创新便捷高效的监管体制及高效便利的服务体系，并按照产业功能、地理区位和运营主体对自贸区的类型进行归纳总结。夏善晨（2013）依据功能特点将自贸区分为转口集散型、贸工综合型、出口加工型、保税仓库型和商业零售型。

除了对自贸区概念内涵的探讨，较多学者从金融创新、制度设计、法律监管等方面来研究我国的自贸区，探讨我国自贸区建设的效应以及可能面对的风险与挑战及对策建议。丁国杰（2014）以制度创新、功能溢出和产业带动三个维度分析了自贸区在金融、贸易和航运方面的影响效应。张明等（2013）认为，上海自由贸易试验区建设面临套利行为难以监管、负面清单流于形式、监管思路亟待转变、改革红利沦为政策红利等问题与挑战，并提出应对策略。吴思（2013）认为，上海自由贸易试验区建设可能出现适用法律不一致、监管思路创新、政策开放度的把握以及要素如何为实体经济服务等诸多挑战。殷为华等（2016）提出自贸区的核心区位因素包括产业基础、交通条件和市场功能，并认为中国自贸区发展需重视市场经济、治理体系、产业内外贸联动、运作机制体制及法律监管制度等问题。自贸区对城市经济增长影响的研究如对城市与区域发展的带动作用、港口发展的影响以及产业发展的影响均有一定的成果，对产业的影响研究多聚焦于服务业，尤其是服务业中的金融业。

二、理论基础

（一）什么是自由贸易

自由贸易是指国家取消对进出口贸易的限制和阻碍，取消对本国进出口商品的各种特权和优惠，使商品自由地进出口，在国内外市场上自由竞争。自由贸易是保护贸易的对称。国家对进出口贸易不进行干涉，不加以限制，允许商品自由地输入和输出。

（二）自由贸易的利益

（1）充分利用国内廉价而丰富的资源，提高资源使用效率。根据自由贸易的比较优势原理，一个国家具有比较优势的产品往往出口需求大，以这种产品所需资源为基础的产业就得以发展，以前闲置的资源能够被利用，可以使国内一些资源的价值提高。中国具有资源优势，但由于经济发展水平较低，大量资源被廉价地闲置。通过对外贸易，中国已经把国内资源转换成具体的多样化的出口产品，提高了资源的使用效率。

（2）补充稀缺资源，带动整个国民经济和谐发展。除了固有的资源分布所导致的部分资源短缺外，各国在发展经济尤其是在实现工业化的过程中，生产最终消费品所需的资本品、机器设备、中间投入品、技术以及管理经验等资源也存在大量缺口。通过自由贸易可以使中国获得这些必需的短缺资源，并由此带动国民经济发展，提高劳动生产率水平。同时，通过引进先进技术、设备和管理经验，可以争取时间、节省资金、加速经济发展。

（3）带动其他产业和行业发展。出口的增长会对国民经济增长产生较大拉动作用，并带动相关产业发展。同时，对外贸易也是需求传递的重要渠道。通过自由贸易，发达国家的大量现代化商品进入各个国家，使各国的消费偏好逐渐向这些新商品转移，从而产生新的需求，进而刺激国内相关部门的生产扩张。当前，国际贸易的这种作用已使资本主义生产方式和消费观念传入各国，促使各国的消费理念和投资理念不断更新，并推动各国相关产业和行业的发展。消费和投资现状也正彰显这些变化，如假日经济（休闲经济）、美容经济、大量中介服务机构的出现。

（4）降低贸易领域的交易成本，增加整个社会福利。相对灵活、自由的贸易使往来各方遵守共同的交易规则或国际惯例，可以减少许多不必要的费用支出或合约执行成本及可能出现的"寻租"行为。因此，可以减少贸易过程中出现的净损失。

（三）自由贸易的弊端

自由贸易下本国的中低端产业将会受到不同程度的冲击，本国一些发展缓慢的产业可能被淘汰出局，有可能丧失一部分经济权利。自由贸易不仅使贸易商品也使资本和技术等生产要素变得更具流动性，且流动无序，使经济运行速度加快，这不仅可能增加政府实行宏观调控的难度，而且会使政府面临更多的不确定性。

（四）自由贸易的相关理论

自由贸易理论产生的基本依据是比较优势理论——各地区应致力于生产成本低、效率高的商品，来交换无法低成本生产的商品。1776年，亚当·斯密在经典巨著《富国论》中提出，由于自然与社会因素的差异，各国在生产同种产品时会有不同的劳动生产率，因而形成各自绝对生产成本的差异，也就是各自绝对优势的不同。一国参与国际分工和国际贸易的原因在于该国在生产某种商品时存在绝对优势。这个理论在人类认识史上第一次论证了贸易互利性原理，批判了重商主义者认为国际贸易只对单方面有利的片面看法。但这个理论只能解释两国之间贸易产生的原因，无法解释两国之间的产业内贸易，也不能解释广泛存在的落后国家与先进工业化国家之间的贸易。

1817年，英国古典政治经济学家大卫·李嘉图出版了《政治经济学及赋税原理》一书，他在绝对优势说的基础上提出了自己的国际贸易思想，即比较优势理论，其主要思想认为各国因自然因素等条件的不同而存在劳动生产率的差异，从而造成各国在生产成本上的相对差异，即比较优势或劣势，这是国际贸易产生的基础。对于处于比较优势的国家，应集中力量生产优势较大的产品；处于劣势的国家，应集中力量生产劣势比较小的产品，然后通过国际贸易，互相交换，彼此都节省了劳动，都得到了益处。李嘉图的比较优势理论解释了国际分工、国际贸易产生的原因和利益分配的方式，具有划时代的意义。

1933年，瑞典经济学家俄林出版了《地区间贸易和国际贸易》一书，他以生产要素自然禀赋为理论基础，探讨了国际贸易产生的更深层原因，论证了国际分工的好处和自由贸易的必要性。俄林实际上师承赫克歇尔，因此该理论又被称为赫克歇尔—俄林模式（H－O模式）。1941年，美国著名的经济学家萨缪尔森和斯托尔伯在美国经济统计周报上发表了《实际工资和保护主义》一文，用数学方法论证了俄林提出的自由贸易引起的生产要素价格均等化理论，为此，俄林的生产要素自然病夫论又被称为赫克歇尔—俄林—萨缪尔森模式。该理论的主要内容为，不同商品需要不同的生产要素比例，而不同国家拥有的生产要素相对来说是不同的，各国在那些能较密集地用其较充裕的生产要素生产商品时，必然会有比较利益产生。所以，每个国家最终都将出口能利用其充裕生产要素的商品，以换取那些需要较密集使用其稀缺生产要素的进口商品。俄林的分析对于一国如何利用本国的资源禀赋优势参与国际分工和贸易并获得利益具有积极意义。

第二次世界大战后，由于新技术革命的推动和经济体制的变革，国际贸易发生了巨大的历史变化。经过 20 年的发展，出现了一系列新贸易理论。这些新贸易理论在比较优势的范畴内进一步补充和发展对国际贸易成因的解释。被统称为新要素理论的诸多理论分别引入技术要素、人力技能要素、研究与开发要素、信息要素、规模经济和管理要素等内生性的生产要素，丰富了对比较优势来源的技术。同时，一些理论开始对比较优势进行动态化的研究。例如，日本经济学家筱原三代平的动态比较成本说、赤松要的"雁阵"形态理论和小道清的推进国民生产过程的国际互补原理等都反映了这个特点。

20 世纪 80 年代，由哈佛大学迈克·波特教授在其三部著作即《竞争战略》（1980 年）、《竞争优势》（1985 年）和《国家竞争优势》（1990 年）中系统地提出了竞争优势理论。他认为，一个国家的竞争优势就是企业、行业的竞争优势，也就是生产力发展水平的优势。一国兴衰的根本在于能否在国际市场竞争中取得优势地位，而国家竞争优势的关键又在于国家能否使主导产业具有优势，并使企业具有适合的创新机制和充分的创新能力。竞争优势和比较优势在概念上是一致的，而国家竞争优势论客观上是对比较优势来源解释中所包含的众多理论的归纳和整合。同时，波特的研究历程是从企业到产业再到国家，与比较优势理论研究从宏观到中观再到微观的路径正好相反，由此产生的不同视角使竞争优势在理论上有创新。尤其是竞争优势理论中关于企业战略、行业竞争以及产业集群对企业竞争力影响的研究弥补了比较优势理论的空白。

三、自由贸易与全球经济一体化

全球经济一体化是指世界经济活动超出国界，使世界各国和地区之间的经济活动相互依存、相互关联，形成世界范围内的有机整体。或者说，是指世界各国均参与全面的经济合作，其中任何一国经济领域的变动均会引起世界经济整体的变动。商品、服务、资本和技术越过边界的流量越来越大。全球经济一体化能缓解社会产业转型的困境，具体来说，是由于全球经济发展不平衡和各国经济要素的不平衡。只有全球经济一体化，才能使不平衡趋向平衡，在此过程中便能提高社会功效，缓解矛盾。所以就出现了全球经济一体化。

广义的全球经济一体化即世界经济一体化，指世界各国经济之间彼此相互开放，形成相互联系、相互依赖的有机体。在这个多国经济联盟的区域内，商品、资本和劳务能够自由流动，不存在任何贸易壁垒，并拥有一个统一的机构来监督条约的执行和实施共同的政策及措施。狭义全球经济一体化即地区经济一体化，指区域内两个或两个以上国家或地区，在一个由政府授权组成的并具有超国家性的共同机构下，通过制定统一的对内对外经济政策、财政与金融政策等，消除国别之间阻碍经济贸易发展的障碍，实现区域内互利互惠、协调发展和资源优化配置，最终形成一个政治经济高度协调统一有机体的过程。

全球经济一体化是自由贸易发展的必然趋势，全球经济一体化又积极推动自由贸易的持续发展。根据各参与国的具体情况和条件以及它们的目标要求，常见的经济一体化有自贸区、关税同盟、共同市场和经济联盟四种形式。

（一）自贸区

自贸区通常指签署自由贸易协定同意消除关税、贸易配额和有限级别的一些国家的组合，这种自贸区叫作 FTA（Free Trade Area）。有时"自贸区"一词也用来形容一国内一个或多个消除关税和贸易配额，并且对经济行政干预较小的区域，这种自贸区通常被叫作自由经济区（Free Trade Zone，FTZ）。有的自贸区只对部分商品实行自由贸易，如欧洲自由贸易联盟内的自由贸易商品只限于工业品，不包括农产品。这种自贸区被称为工业自贸区。有的自贸区对全部商品实行自由贸易，如拉丁美洲自由贸易协会和北美自贸区，对区内所有工农业产品的贸易往来都免除关税和数量限制。广义的自贸区通常还包含自由港以及自贸港。通常自贸港是自贸区的前身，由于自由港的区域不断扩张，延伸到港口以外的地区，就出现自贸区。

通常在国外认为 FTZ 自贸区是由自由港发展起来的，是先有自由港，渐渐地扩展到港口以外的区域甚至是内陆。而中国的这个过程刚好相反，中国开始的经济环境比较封闭，先从经济开发区开始对外开发的步伐，慢慢发展成了自由贸易园区以及现在的自由贸易区，由于贸易港口是中国专有的名词，在国外的任何文献中都搜索不到"Free Trade Port"这个词。自由贸易港和自贸园区的区别主要体现在是否允许开展离岸贸易，在离岸贸易的基础上，进一步开放高端服务业，发展离岸金融等相关业务。由此可见，FTZ 自贸区实质上是采取自由港政策的关税隔离区，自贸港是自贸区的升级版，如图 1-1 所示。

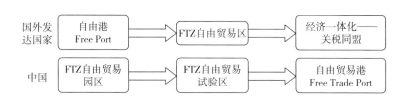

图 1-1　国内外 FTZ 自贸区发展的进程比较

1. 自由港（Free Port）

国外一般认为自由港是自贸区的前身。自由港是指不受海关管辖的港口或港区。在该区域内，外国商品可以自由加工、分装、改装、装卸储存、展览、再出口等，不受海关管制，免征关税。但当商品进入所在国海关管辖区时，需缴纳关税。自由港可以是有明确边界的港口的一部分，或整个港口，或包括港口所在的城市。一些国家或地区设置自由港的主要目的是吸引外资，发展加工工业和仓储业，促进对外贸易和转口贸易的发展，创造就业机会，繁荣地区经济。自由港与保税区相似，其不同体现在贸易优惠措施空间范围上。最早的自由港出现于欧洲，13世纪法国已开辟马赛港为自贸区。1547年，热那亚共和国正式将热那亚湾的里南那港定名为世界上第一个自由港。其后，为了扩大对外国际贸易，一些欧洲国家便陆续将一些港口城市开辟为自由港。至今，因应全球的贸易活动与经济发展，自由港的数量已上升至130多个。

从区域角度来看，自由港的主要开发目标和功能同港口本身的货物集散中心作用紧密相连，一般来讲，自由港应处于外贸货物吞吐量大、国际航线多、联系的国家和地区多、腹地外向型经济发达的港口。从环境条件来看，自由港不仅要有良好的硬环境，各项基础设施、服务设施完善，能满足航运业的各种要求，陆上集疏运条件优越，信息现代化程度高，而且要求有良好的软环境，有一系列特殊政策和措施，并形成法规。要有较高的办事效率和良好的文化生活环境，还应有各类适应外向型经济的专门人才。

现今的自由港大多已脱离传统自由港的形态，其功能不单是纯商业的行为，作业范围逐渐从商品储存和转运扩展到包括工业、贸易、运输、金融及旅游等多方面的综合目标。允许全部或绝大多数外国商品豁免关税进出。外国商品可在自由港内不纳关税，进行储存、包装、分拣、加工或销售。外国商品从自由港进入所在国关税区时才纳税。外国船舶进出自由港时，仍须遵守主权国家的有关卫生、移民、治安等政策和法规。

自由港对一个地区甚至一个国家外向型经济的发展起重要的作用，能提高港口对船东、货主的吸引力，扩大港口吞吐量，大大提高港口的中转功能；可以促进港口向综合性、多功能方向发展，使港口成为外向型经济中心；可以促进港口所在地区外向型经济的发展；可以最大限度地适应国际贸易灵活性的要求，提高贸易中各方的经济效益；可以促进自由港及毗邻地区的就业和第三产业的繁荣等。

2. FTZ 自贸区

国家发展改革委员会等主管部门要求在国内称为自由贸易园区。源于WCO（世界海关组织）有关"自由区"的规定，世界海关组织的《京都公约》指出："FTZ 是缔约方境内的一部分，进入这部分的任何货物，就进口关税而言，通常视为关境之外。"特点是一个关境内的一小块区域是单个主权国家（地区）的行为，一般需要进行围网隔离，对境外入区货物的关税实施免税或保税，而不是降低关税。例如，德国汉堡自由港、巴拿马科隆自贸区等属于 FTZ。

（1）就性质而言，自贸区可分为商业自由区和工业自由区。前者不允许货物的拆包零售和加工制造；后者允许免税进口原料、元件和辅料，并指定加工作业区加工制造，如表 1－1 所示。

表 1－1　按性质划分的 TTZ 自贸区

商业自由区	不允许货物的拆包零售和加工制造
工业自由区	允许免税进口原料、元件和辅料，并指定加工作业区加工制造

（2）就功能而言，世界自贸区的功能设定是根据区位条件和进出口贸易的流量而确定的，并且随着国内外经济形势的发展而调整和发展。其主要类型如表 1－2 所示。

表 1－2　按功能划分的 FTZ 自贸区

转口集散型	这一类自贸区利用优越的自然地理环境从事货物转口及分拨、货物储存、商业性加工等。最突出的是巴拿马科隆自贸区

贸工结合、以贸为主型	这类自贸区以从事进出口贸易为主，兼搞一些简单的加工和装配制造。在发展中国家最为普遍，如阿联酋迪拜港自由港区
出口加工型	这类自贸区主要以从事加工为主，以转口贸易、国际贸易、仓储运输服务为辅，如尼日利亚自贸区
保税仓储型	这类自贸区主要以保税为主，免除外国货物进出口手续，较长时间处于保税状态，如荷兰阿姆斯特丹港自贸区

FTZ 自贸区最早是指一系列经济特区。在这些自贸区内，货物通常可以被卸载、存储、加工、处理或者重新组装，并以较低的关税重新出口。FTZ 自贸区通常出现在主要的海港、国际机场、边境等地。

我国的自由贸易试验区实际上就等同于国际上的 FTZ。在美国对 FTZ 的概念等同于国外贸易区（Feign - trade Zones），FTZ 主要提供关税上的优势。在其他国家，FTZ 也被叫作免进口关税加工区（Duty Free Export Processing Zones）、进口关税免税区（Export Free Zones）、免进关税区（Free Export Zones）、自由区（Free Zone）、工业免税区（Industrial Free Zones）、投资促进区（Investment Promotion Zones）、经济特区（Special Economic Zones）。有一些在先前也被叫作自由港，通常设在港口的港区或邻近港口地区，尤以经济发达国家居多，如美国有对外贸易区 92 个。20 世纪 50 年代初，美国提出，可在自贸区发展以出口加工为主要目标的制造业。60 年代后期，有发展中国家利用这一形式，并建成特殊工业区，发展成出口加工区。80 年代开始，许多国家的自贸区向高技术、知识和资本密集型发展，形成科技型自由贸易区。北美自贸区也是世界上最大的自贸区。其他还有中欧自贸区、欧盟—拉美自贸区等。

20 多年前，中国内地第一个保税区在上海外高桥成立，当时，它的英文译名就叫 Free Trade Zone（自由贸易园区）。后来，随着上海自贸试验区的挂牌，FTZ 在中国升级为自贸试验区，目前中国已经正式批准的自由贸易园区包括中国（上海）自由贸易试验区、中国（天津）自由贸易试验区、中国（广东）自由贸易试验区、中国（天津）自由贸易试验区、中国

（福建）自由贸易试验区、中国（辽宁）自由贸易试验区、中国（浙江）自由贸易试验区、中国（河南）自由贸易试验区、中国（湖北）自由贸易试验区、中国（重庆）自由贸易试验区、中国（四川）自由贸易试验区、中国（陕西）自由贸易试验区。

3. FTA 自贸区

FTA 自贸区是指签订自由贸易协定的成员国相互彻底取消商品贸易中的关税和数量限制，使商品在各成员国之间可以自由流动。但是，各成员国仍保持自己对来自非成员国进口商品的限制政策。这种区域性安排不仅包括货物贸易自由化，而且涉及服务贸易、投资、政府采购、知识产权保护、标准化等更多领域的相互承诺，是一个国家实施多双边合作战略的手段。有的 FTA 自贸区只对部分商品实行自由贸易，如"欧洲自由贸易"内的自由贸易商品只限于工业品，而不包括农产品。这种自由贸易区被称为"工业自由贸易区"。有的自由贸易区对全部商品实行自由贸易，如"拉丁美洲自由贸易协会"和"北美自由贸易区"，对区内所有工农业产品的贸易往来都免除关税和数量限制。中国目前已经建立的 FTA 自贸区主要有中国—东盟自贸区、中国—瑞士自贸区等。

FTA 的特点是属于国与国之间的自由贸易。FTA 所涵盖的范围是签署自由贸易协定所有成员的全部关税领土（我方关税领土不含香港、澳门和台湾地区），而非其中的某一部分。自由贸易区相关国家和单独关税区必须签订具有法律效力的协定。

FTA 政策协调主要有以下几项。

（1）产地规则。FTA 内建立的原产地规则一般用来防止"贸易运转"，即阻止非成员国原产地的产品经由保护程度低的成员向保护程度高的成员转运。除了承担转运的成本外，贸易转运在经济学上是有效率的。但贸易转运阻碍 FTA 某一成员方向另一成员方出口发生贸易转运的产品，同时也破坏成员方的关税结构。所以，FTA 都制定原产地规则来限制贸易转运。除了减少贸易转运之外，FTA 原产地规则还会增加区外资本的流入和区内生产中当地原材料的使用，但这在经济学上是低效率的。总之，原产地规则越严格，产生的效率就越低。

1）广泛的累积制度能使用更多国家和地区的原材料进行生产，从而减少贸易转移和投资转移。原产地规则的累积制度规定从何种国家进口投入品可以被视为受惠国的原产品，有三种类型的累积方法，即双边累积（Bilateral Accumulation）、对角累积（Diagonal Accumulation）和完全累积（Full Accumulation）。

2）统一的原产地规则有助于出口商调整生产，使出口产品符合原产地规则的规定，从而避免生产的盲目性，使其产品较易进入目标市场。统一的原产地规则也能节省谈判成本和执行成本。在各个 FTA 协定没有统一原产地规则的情况下，政府容易因地制宜地制定某种原产地规则作为推行贸易保护措施的工具，而在统一的原产地规则下，政府的这种行为就受到一定的约束。

3）对敏感产业的保护逐步加强，对非敏感行业逐步放松原产地规则。FTA 原产地规则不仅是判定产品能否取得享受优惠待遇的标准，同时还可以通过制定适合本国经济发展战略和产业结构特点的规则，实现保护敏感行业以及增加就业等经济目标。

（2）《服务贸易总协定》（GATS）作为历史上第一个服务贸易多边框架，极大地推动了全球服务贸易的自由化。在乌拉圭回合结束之后，各成员方又就金融、电信、海运和自然人流动等服务部门和方式进行了一系列谈判，至今各成员仍在执行和消化这些承诺。多哈回合开始以来，除部分在服务贸易出口方面有重大利益和优势的国家外，大多数国家缺乏进行新一轮谈判的热情。为了推动本国和地区服务贸易出口，美国和欧盟在其签订的自贸区协议中都列有服务贸易自由化的条款，其广度和深度超越了《服务贸易总协定》的承诺。为了保护对外投资者的利益，美国和欧盟在其签订的自贸区协议中也都列有关于投资的条款。

1）负向清单方式。在大多数自由贸易协定下，美国和欧盟自贸区对服务贸易自由化都采取"负向清单方式"，除了包含在保留清单中的领域外，其他服务贸易是没有贸易限制的，并且新的服务部门被自动地纳入该协定下。这一方式与服务贸易总协定的方式不同，服务贸易总协定采用列明清单方式。"负向清单方式"可以有效地扩大协定覆盖的领域，能够产生更大的贸易创造。同时，新的服务部门自动地纳入各个自由贸易协定下，从而减少了贸易转移。

2）资金的充分流动性。结成自贸区后，同盟内各国经济从一个均衡点向另一个均衡点的发展将产生过渡性调整的代价。短期内这种代价可能很大，表现为暂时的失业和生产能力闲置，从而引起过渡时期福利的损失。在过渡时期结束后，资源将通过重新配置转向较好的用途。显然，在区域集团的成员国之间劳动和资本的流动性越强，这些过渡性损失就可能越小。

（3）自由贸易港是典型的中国术语，自 2013 年中国辟建自由贸易试验园区以来，上海、福建、天津、广东等地开始筹划自贸园区升格为自由贸易港。2017 年 10 月，党的十九大报告明确提出："赋予自由贸易试验区更大改革自主权，探索建设自由贸易港。"自由贸易港是指设在国家与地区境内、海关管理关卡之外的，允许境外货物、资金自由进出的港口。进出港区的全部或大部分货物免征关税，并且准许在自由港内开展货物自由储存、展览、拆散、改装、重新包装、整理、加工和制造等业务活动。2018 年 4 月 13 日，习近平在庆祝海南建省办经济特区 30 周年大会上郑重宣布设立海南自由贸易港。

（二）关税同盟

关税同盟（Customs Union）是指两个或两个以上国家缔结协定，建立统一关境，在统一关境内缔约国相互间减让或取消关税，对从关境以外的国家或地区的商品进口实行共同的关税税率和外贸政策。关税同盟允许进行贸易的各成员国之间像在自贸区内一样没有关税或其他壁垒。它还对非成员国的贸易政策起协调作用（如设定共同关税率）。关税同盟是国家之间就关税问题所缔结的双边或多边协议。其内容通常包括降低和免除缔约国之间的关税，以致最终取消同盟内部各国的关境，实现缔约国之间的商品自由流通；协调各缔约国的关税税率，实行统一的对外关税，建立共同的关境，以加强同盟国在对外贸易中的竞争力量。

1. 关税同盟的意义

它可以避免自贸区需要以原产地原则作为补充、保持商品正常流动的问题。在这里，代替原产地原则的是筑起共同的"对外壁垒"，从这个意义上看，关税同盟比自贸区的排他性更强一些。

它使成员国的"国家主权"出让给经济一体化组织的程度更多一些，以致一旦一个国家加入某个关税同盟，它就失去自主关税的权利。现实中比较典型的关税同盟是1958年建立的欧洲经济共同体。

2. 关税同盟的分类

关税同盟大体可分为两类：一类是发达国家间建立的，如欧洲经济共同体的关税同盟，其目的在于确保西欧国家的市场，抵制美国产品的竞争，促进内部贸易的发展，积极推进欧洲经济一体化的进程。另一类是由发展中国家建立的关税同盟，其目的主要是维护本地区各国的民族利益，促进区内的经济合作和共同发展，如中非关税同盟与经济联盟、安第斯条约组织、加勒比共同体和共同市场、西非国家经济共同体、大湖国家经济共同体、中非国家经济共同体等。

3. 关税同盟的效应

贸易创造效应（Trade Creation Effect）是指关税同盟内部取消关税，实行自由贸易后，关税同盟内某成员国国内成本高的产品被同盟内其他成员国成本低的产品替代，从成员国进口产品，创造过去不发生的那部分新的贸易。贸易创造效应通常被视为一种正效应。因为A国国内商品生产成本高于A国从B国进口的商品生产成本。关税同盟使A国放弃一部分商品的国内生产，改为由B国来生产这部分商品。从世界范围来看，这种生产转换提高了资源配置效率。

贸易转向效应（Trade Diversion Effect）是指由于关税同盟对内取消关税，对外实行统一的保护关税，成员国把原来从同盟外非成员国低成本生产的产品进口转为从同盟内成员国高成本生产的产品进口，从而使贸易方向发生转变。

贸易转向效应通常被视为一种负效应。因为 A 国从 C 国进口的商品生产成本低于 A 国从 B 国进口的商品生产成本，贸易转向导致低成本的商品生产不得不放弃，而高成本的商品生产得以扩大。从世界范围来看，这种生产转换降低了资源配置效率。

4. 关税同盟的动态优势

关税同盟建立以后，为成员国之间产品的相互出口创造了良好的条件。这种市场范围的扩大促进了企业生产的发展，使生产者可以不断扩大生产规模，降低成本，享受规模经济的利益，并且可进一步增强同盟内的企业对外，特别是对非成员国同类企业的竞争能力。因此，关税同盟所创造的大市场效应引发了企业规模经济的实现。

关税同盟的建立促进了成员国之间企业的竞争。在各成员国组成关税同盟以前，许多部门已经形成国内的垄断，几家企业长期占据国内市场，获取超额垄断利润，因而不利于各国的资源配置和技术进步。组成关税同盟以后，由于各国市场的相互开放，各国企业面临着来自其他成员国同类企业的竞争。结果各企业为在竞争中取得有利地位，必然会纷纷改善生产经营效率，增加研究与开发投入，增强采用新技术的意识，不断降低生产成本，从而在同盟内营造一种浓烈的竞争气氛，提高经济效益，促进技术进步。

关税同盟的建立有助于吸引外部投资。关税同盟的建立意味着对来自非成员产品的排斥，同盟外的国家为了抵消这种不利影响，可能会将生产地点转移到关税同盟内的一些国家，在当地直接生产并销售，以便绕过统一的关税和非关税壁垒。这样客观上便产生了一种伴随生产转移而生的资本流入，吸引了大量外国直接投资。

5. 关税同盟的动态劣势

关税同盟的建立促成了新的垄断的形成，如果关税同盟的对外排他性很大，那么这种保护所形成的新垄断又会成为技术进步的严重障碍。除非关税同盟不断有新的成员国加入，从而不断有新的刺激，否则由此产生的技术进步缓慢现象就不容忽视。

关税同盟的建立可能会拉大成员国不同地区之间经济发展水平的差距。关税同盟建立以后，资本逐步向投资环境比较好的地区流动，如果没有促进地区平衡发展的政策，一些国家中的落后地区与先进地区的差别将逐步拉大。

6. 关税同盟与自由贸易区的差别

《关税及贸易总协定》第24条第8款（甲）项规定："关税同盟应理解为以一个单独的关税领土代替两个或两个以上的关税领土，因此同盟的组成领土之间的贸易，或至少对这些领土产品的实质上所有贸易，实质上已取消关税和其他贸易限制；同盟的每个成员对于同盟以外领土的贸易，已实施实质上同样的关税或其他贸易规章。"根据这个定义，关税同盟有两个基本特征：①同盟内取消一切内部关税壁垒和关税措施；②同盟成员采取统一对外的关税壁垒和非关税壁垒。

《关税及贸易总协定》第24条第8款（乙）项规定："自由贸易区应理解为由两个或两个以上的关税领土所组成的集团，对原产于这些组成领土的产品的贸易，已实质上取消关税或其他贸易限制的集团……"自由贸易区有两个特点，一方面，在该集团内成员相互之间取消关税或其他贸易限制；另一方面，各个成员又各自独立地保留自己的对外贸易政策，尤其是关税政策，所以，有人把自贸区称为半关税同盟。

（三）共同市场

共同市场是区域经济一体化所形成的利益共同体，两个或两个以上的国家或经济体通过达成某种协议，不仅可以实现自由贸易，建立共同的对外关税，还可以实现服务、资本和劳动力自由流动的国际经济一体化组织。共同市场是在成员内完全废除关税与数量限制，建立统一的对非成员的关税，并允许生产要素在成员间可以完全自由移动。共同市场比关税同盟更进一步，它也允许参加国之间资本和劳动力自由流动，欧盟于1993年初实现共同市场。其他常见的共同市场有南方共同市场、加勒比共同体和共同市场以及中美洲共同市场等。

（四）经济联盟

经济联盟（Economic Union）是指成员国之间除了商品与生产要素可以自由流动及建立对外共同关税之外，还要求成员国制定和执行某些共同的经济政策和社会政策，废除政策方面的差异，使各个方面的经济都统一协调地进行。经济联盟比共同市场又进一步，它协调甚至统一成员国之间的货币和财政政策。目前有许多经济共同体正在努力向经济联盟转化，但现实生活中还未出现真正意义上的国家之间的经济联盟，常见经济联盟用在企业与企业之间，为了某一种经济利益而达成一致意见，并形成团队，互惠互利，共同发展。

四、国际自由贸易政策与谈判

（一）自由贸易政策

自由贸易政策是西方国家自由竞争时期的产物。英国实行此项政策达60年之久，对当时英国资本主义的发展起推动作用。"二战"以后，尽管联合国宪章规定了自由贸易的原则，《关税及贸易总协定》也明文规定降低关税和消除非关税壁垒，但世界大部分国家一直盛行贸易保护主义。所有发达国家都曾经推行贸易保护主义以保护本国的制造业、服务业及农业，当它们累积足够财富以确保可从自由贸易得益时，便开始积极推行自由贸易政策。英国在18世纪至19世纪中期便推行保护性的工业政策，当英国在经济上拥有领先地位时，便开始支持自由贸易。美国宪法规定，不可以对商业活动设任何阻碍，这通行于美国所有的州。所以美国也是全球最大的自由贸易实体。

常见的自由贸易政策有美洲自贸区、中美洲自由贸易协定、北美自由贸易协定、综合经济合作协议、跨大西洋贸易及投资伙伴协议、跨大西洋战略经济伙伴关系协议 TPP、韩美自由贸易协定、中欧自由贸易协定、日欧自由贸易协定等。

（二）自由贸易谈判

关于自由贸易的谈判主要包含以下方面。

1. 多边自由贸易谈判

多边是相对于区域或其他数量较少的国家集团所进行的活动而言的。大多数国家包括世界上几乎所有主要贸易国，都是该体制的成员，但仍有一些国家不是，因此使用"多边"（Multilateral）一词，而不用"全球"（Global）或"世界"（World）等词。多边贸易体制的最大目的是使贸易尽可能自由流动。

多边贸易体制最重要的目的是在不产生不良影响的情况下，使贸易尽可能自由地流动。这一方面意味着消除壁垒，另一方面意味着保证个人、企业和政府了解世界上的贸易规则，并使它们相信，政策不会发生突然的变化。多边贸易的发展包含 GATT、WTO、TPP 等。

（1）《关税及贸易总协定》（General Agreement on Tariffs and Trade，GATT）是政府间缔结的有关关税和贸易规则的多边国际协定，简称《关贸总协定》。它的宗旨是通过削减关税和其他贸易壁垒，削除国际贸易中的差别待遇，促进国际贸易自由化，以充分利用世界资源，扩大商品的生产与流通。《关贸总协定》于 1947 年 10 月 30 日在日内瓦签订，并于 1948 年 1 月 1 日开始临时适用。应当注意的是，由于未能达到《关贸总协定》规定的生效条件，作为多边国际协定的 GATT 从未正式生效，而是一直通过《临时适用议定书》的形式产生临时适用的效力。GATT 是世界贸易组织（WTO）的前身。

《关贸总协定》的宗旨是为了提高缔约国人民的生活水平，保证充分就业、实际收入和有效需求的增长，扩大世界资源的利用。主要内容如表 1-3 所示。

表 1-3 《关贸总协定》主要内容

条款	内容
最惠国待遇	缔约国之间对于进出口货物及有关的关税规费征收方法、规章制度、销售和运输等方面，一律适用无条件最惠国待遇原则。但关税同盟、自由贸易区以及对发展中国家的优惠安排都作为最惠国待遇的例外
关税减让	缔约国之间通过谈判，在互惠基础上互减关税，并对减让结果进行约束，以保障缔约国的出口商品适用稳定的税率
取消进口数量限制	总协定规定原则上应取消进口数量限制。但由于国际收支出现困难的，属于例外
保护和紧急措施	对因意外情况或因某一产品输入数量剧增，对该国相同产品或与它直接竞争的生产者造成重大损害或重大威胁时，该缔约国可在防止或纠正这种损害所必需的程度和时间内，暂停所承担的义务，或撤销、修改所做的减让

中国是《关贸总协定》的创始国之一。1949 年中华人民共和国成立后，台湾当局占据中国席位。1950 年 3 月我国台湾地区退出《关贸总协定》，但以观察员身份列席总协定会议。1971 年 11 月总协定取消台湾的观察员资格。1986 年 7 月，中华人民共和国政府正式提出恢复《关贸总协定》缔约国地位的申请。

由于《关贸总协定》不是一个正式的国际组织，这使它在体制上和规则上有多方面的局限性，如表 1-4 所示。正是由于《关贸总协定》的种种局限性，这个临时性准国际贸易组织最终被世界贸易组织（WTO）取代。

表 1-4 《关贸总协定》的局限性

缺失条款	内容
有些规则缺乏法律约束，也无必要的检查和监督手段	例如，规定一国以低于"正常价值"的办法，将产品输入另一国市场并给其工业造成"实质性损害"和"实质性威胁"就是倾销。而"正常价值""实质性损害和实质性威胁"难以界定和量化，这很容易被一些国家加以歪曲和用来征收反倾销税

缺失条款	内容
"灰色区域"，致使许多规则难以很好地落实	所谓"灰色区域"，是指缔约国为绕开总协定的某些规定所采取的在总协定法律规则和规定的边缘或之外的歧视性贸易政策措施。这种"灰色区域"的存在损害了《关贸总协定》的权威性
条款中对不同的社会经济制度带有歧视色彩	例如，对"中央计划经济国家"进入《关贸总协定》设置了较多的障碍
解决争端的机制不够健全	虽然《关贸总协定》为解决国际商业争端建立了一套制度，但由于总协定解决争端的手段主要是调解，缺乏强制性，容易使争端久拖不决

（2）世界贸易组织（World Trade Organization，WTO）。1994年4月15日，在摩洛哥马拉喀什市举行的《关贸总协定》乌拉圭回合部长会议决定成立更具全球性的世界贸易组织，以取代成立于1947年的《关贸总协定》。世界贸易组织是当代最重要的国际经济组织之一，有164个成员，成员贸易总额达到全球的98%，有"经济联合国"之称。

WTO是到目前为止作为国际竞争协议最优的体制性工具，是进行国际竞争法协议谈判的理想场所，而且中国很大程度上受益于WTO确立的多边贸易体制。WTO的基本原则和目标中包含或者体现竞争政策的要求，在WTO框架下建立明确的、系统的竞争政策是顺理成章的，也为真正实现WTO贸易自由化目标所需要。

WTO的主要职能包括：制定监督，管理和执行共同构成世贸组织的多边及诸边贸易协定；作为多边贸易谈判的讲坛；寻求解决贸易争端；监督各成员贸易政策，并与其他制定全球经济政策有关的国际机构进行合作。

世贸组织的目标是建立一个完整的、更具有活力和永久性的多边贸易体制。与《关贸总协定》相比，世贸组织管辖的范围除传统的和乌拉圭回合确定的货物贸易外，还包括长期游离于《关贸总协定》外的知识产权、投资措施和非货物贸易（服务贸易）等领域。世贸组织具有法人地位，它在调解成员争端方面具有更高的权威性和有效性。世贸组织遵循以下几个基本原则。

1）互惠原则（Reciprocity）也叫对等原则，是WTO最为重要的原则之一，是指两成员方在国际贸易中相互给予对方贸易上的优惠待遇。它明确了成员方在关税与贸易谈判中必须采取的基本立场和相互之间必须建立一种什么样的贸易关系。

世贸组织的互惠原则主要通过以下几种形式体现。

第一，通过举行多边贸易谈判进行关税或非关税措施的削减，对等地向其他成员开放本国市场，以获得本国产品或服务进入其他成员市场的机会，即所谓"投之以桃，报之以李"。

第二，当一国或地区申请加入世贸组织时，由于新成员可以享有所有老成员过去已达成的开放市场的优惠待遇，老成员就会一致要求新成员必须按照世贸组织现行协定、协议的规定缴纳"入门费"——开放申请方商品或服务市场。

第三，互惠贸易是多边贸易谈判及某一成员在贸易自由化过程中与其他成员实现经贸合作的主要工具。《关贸总协定》及世贸组织的历史充分说明，多边贸易自由化给某一成员带来的利益要远大于一个国家单方面实行贸易自由化的利益。因为一国单方面自主决定进行关税、非关税的货物贸易自由化及服务市场开放时，所获得的利益主要取决于其他贸易伙伴对这种自由化改革的反应，如果反应是良好的，即对等地也给予减让，则获得的利益就大；反之，则较小。

相反，在世贸组织体制下，由于某一成员的贸易自由化是在获得现有成员开放市场承诺范围内进行的，这种贸易自由化改革带来的实际利益自然有世贸组织机制作保障，而不像单边或双边贸易自由化利益那么不确定。因此，多边贸易自由化要优于单边贸易自由化，尤其像中国这样的发展中大国。

2）透明度原则（Transparency）是指WTO成员方应公布所制定和实施的贸易措施及变化情况，没有公布的措施不得实施，同时还应将这些贸易措施及变化情况通知世贸组织。此外，成员方所参加的有关影响国际贸易政策的国际协定，也应及时公布和通知WTO。

透明度原则是世贸组织的重要原则，它体现在世贸组织的主要协定、协议中。根据该原则，世贸组织成员需公布有效实施的、现行的贸易政策法规包括：海关法规。即海关对产品的分类、估价方法的规则，海关对进出口货物征收的关税税率和其他费用；进出口管理的有关法规和行政规章制度；有关进出口商品征收的国内税、法规和规章；进出口商品检验、检疫的有关法规和规章；有关进出口货物及其支付方面的外汇管理和对外汇管理的一般法规和规章；利用外资的立法及规章制度；有关知识产权保护的法规和规章；有关出口加工区、自由贸易区、边境贸易区、经济特区的法规和规章；有关服务贸易的法规和规章；有关仲裁的裁决规定；成员国政府及其机构所签订的有关影响贸易政策的现行双边或多边协定、协议；其他有关影响贸易行为的国内立法或行政规章。

透明度原则规定各成员应公正、合理、统一地实施上述有关法规、条例、判决和决定。统一性要求在成员领土范围内管理贸易的有关法规不应有差别待遇，即中央政府统一颁布有关政策法规，地方政府颁布的有关上述事项的法规不应与中央政府有任何抵触。但是，中央政府授权的特别行政区、地方政府除外。公正性和合理性要求成员对法规的实施履行非歧视原则。透明度原则还规定，鉴于对海关行政行为进行检查和纠正的必要，要求各成员保留或尽快建立司法的或仲裁的或行政的机构和程序。这类法庭或程序独立于负责行政实施的机构之外。除进口商在所规定允许的上诉期内可向上级法庭或机构申诉外，其裁决一律由这些机构加以执行。

透明度原则对公平贸易和竞争的实现起十分重要的作用。

3）市场准入原则（Market Access）是可见的和不断增长的，它以要求各国开放市场为目的，有计划、有步骤、分阶段地实现最大限度的贸易自由化。市场准入原则的主要内容包括关税保护与减让，取消数量限制和透明度原则。世贸组织倡导最终取消一切贸易壁垒，包括关税和非关税壁垒，虽然关税壁垒仍然是世界贸易组织所允许的合法的保护手段，但是关税的水平必须是不断下降的。

4）促进公平竞争原则。世界贸易组织不允许缔约国以不公正的贸易手段进行不公平竞争，特别禁止采取倾销和补贴的形式出口商品，对倾销和补贴都做了明确的规定，制定了具体而详细的实施办法，世界贸易组织主张采取公正的贸易手段进行公平的竞争。

5）经济发展原则也称鼓励经济发展与经济改革原则，以帮助和促进发展中国家的经济迅速发展为目的，针对发展中国家和经济接轨国家而制定，是给予这些国家的特殊优惠待遇，如允许发展中国家在一定范围内实施进口数量限制或提高关税的"政府对经济发展援助"条款，仅要求发达国家单方面承担义务而发展中国家无偿享有某些特定优惠的"贸易和发展条款"，以及确立发达国家给予发展中国家和转型国家更长的过渡期待遇和普惠制待遇的合法性。

6）非歧视性原则包括两个方面，一是最惠国待遇，二是国民待遇。成员一般不能在贸易伙伴之间实行歧视；给予一个成员的优惠，也应同样给予其他成员。这就是最惠国待遇。这个原则非常重要，在《关贸总协定》中位居第1条，在《服务贸易总协定》中是第2条，在《与贸易有关的知识产权协议》中是第4条。因此，最惠国待遇适用于世贸组织所有三个贸易领域。国民待遇是指对外国的货物、服务以及知识产权应与本地的同等对待。最惠国待遇的根本目的是保证本国以外的其他缔约方能够在本国的市场上与其他国企业在平等的条件下进行公平竞争。非歧视性原则是世界贸易组织的基石，是避免贸易歧视和摩擦的重要手段，是实现各国间平等贸易的重要保证。

最惠国待遇的主要原则包括一成员方将在货物贸易、服务贸易和知识产权领域给予任何其他国家的优惠待遇，立即和无条件地给予其他各成员方，如表1-5所示。

表1-5　最惠国待遇的主要原则

自动性	立即和无条件
同一性	受惠标的必须相同
相互性	既是受惠方又是给惠方，承担义务同时享受权利
普遍性	适用于全部进出口产品，服务贸易、各个部门、所有种类的知识产权所有者和持有者

例外：①以关税同盟和自贸区等形式出现的区域经济安排，在这些区域内部实行的比最惠国待遇更优惠的优惠，区域外世界贸易组织成员无权享受；②对发展中成员方实行的特殊和差别待遇，如普遍优惠制；③在边境贸易中对毗邻国家给予更多的贸易便利；④在知识产权领域允许成员方就一般司法协助国际协定中享有的权利等方面保留例外。

国民待遇原则要求对其他成员方的产品、服务和服务提供者及知识产权所有者与持有者所提供的待遇，不低于本国同类产品、服务和服务提供者及知识产权所有者与持有者所享有的待遇。国民待遇主要原则包括：①适用的对象是产品、服务和服务提供者及知识产权所有者与持有者，但因这些领域具体受惠对象不同，国民待遇条款的适用范围、具体规则和重要性有所不同；②只涉及其他成员方的产品、服务和服务提供者及知识产权所有者与持有者，在进口成员方境内所享有的待遇；③定义中"不低于"一词的含义是指其他成员方的产品、服务和服务提供者及知识产权所有者与持有者应与进口成员方同类产品、相同服务和服务提供者及知识产权所有者与持有者享有同等待遇，若进口成员方给予前者更高的待遇，并不违反国民待遇原则。

（3）跨太平洋伙伴关系协定（Trans‒Pacific Partnership Agreement, TPP）。WTO 作为全球多边贸易体制，影响范围十分广泛，成员方迄今已超过 160 个。然而，大则粗，小则细。在这样一个巨大的贸易框架下，由于各成员国社会经济发展水平的巨大差异，难以协调各方利益诉求，发达与发展中经济体之间贸易摩擦也日益增多，而多哈回合谈判受阻更是直接显示出多边体制的弊端。因此，各成员国逐渐意识到仅靠 GATT/WTO 多边体制未免心有余而力不足，即 GATT/WTO 不能成为加强自身经济竞争性的唯一贸易政策工具。为了打破贸易领域的新障碍（如竞争或投资规则），或者希望在某些议题方面比 GATT/WTO 走得更远（如知识产权、劳工或环境标准），各国转而抱团发展区域贸易。

跨太平洋伙伴关系协定也被称作"经济北约"，是目前重要的国际多边经济谈判组织，其前身是跨太平洋战略经济伙伴关系协定（Trans‒Pacific Strategic Economic Partnership Agreement），是由亚太经济合作组织成员国中的新西兰、新加坡、智利和文莱四国发起，从 2002 年开始酝酿的一组多边关系的自贸协定，原名亚太自由贸易区，旨在促进亚太地区的贸易自由化。TPP 原本有 12 个国家，这个由美国与日本共同组建的经济组织最大的目的就是对抗像中国这样的新兴市场，不过美国总统特朗普却有更大的野心，他认为凭借美国自身的实力完全可以做到这件事情，而且他看日本等国也不顺眼，所以在他上任之后便要退出这个组织，美国的退出让这个组织受到了重创，但是有着更大野心的日本很快开始挑起大梁，决定代替美国继续运营这个组织，而另外一个雄心勃勃的国家——澳大利亚也跃跃欲试，于是一个缩水版的 CPTPP 就成立了。

TPP 根据规定需要有 6 个成员国经过批准才能够执行，2018 年 11 月 4 日，澳大利亚在周三提前批准了 TPP，而这也是第 6 个批准 TPP 的国家。根据规定，没有美国参与的 TPP 协议会在 12 月 30 日生效，澳大利亚提前批准也体现出它对于无美国 TPP 的重视程度，而日本和澳大利亚都一样雄心勃勃地想通过这个平台扩大自己的竞争力，在美国与中国的贸易战夹缝中占据自己的一席之地，不过因为失去美国这个巨大的经济体，新版 TPP 各国生产总值只占全球的 13%。

（4）中美双边投资协定（Bilateral Investment Treaty，BIT）是对外直接投资（Foreign Direct Investment，FDI）的一种。正在谈判的中美 BIT，是目前中国最高标准的双边投资协定。中美 BIT 谈判已经历时 5 年多共 24 轮谈判，TPP 中涉及投资的内容与美国最新 BIT 范本高度一致。突破 TPP 限制、接轨高水平协定、参与国际规则制定，中美 BIT 是中国的一个"探路者"。从某些角度说，加入 WTO 是为了商品更好流通的贸易"入世"，而谈成中美 BIT 则是为了资本更好流动的投资"入世"。

BIT 2012 条款和 TPP 关于投资部分的内容很多是重叠的。

1）投资与投资者的界定。TPP 投资谈判将"投资"界定为投资者直接或间接拥有或控制的各种资产，只要该资产具有资金或其他资源承诺、利润或收益预期以及风险承担等"投资特征"，就可以界定为"投资"。

上述界定基本与美国 BIT 2012 范本一致，但是貌似 BIT 2012 范本范围要比 TPP 小一些。

2）实体规则。此规则包括国民待遇、最惠国待遇、损失补偿时给予非歧视待遇、业绩要求、征收和补偿、转移等条款。在最惠国待遇方面，要求给予投资者准入前和准入后的最惠国待遇，即在准入、设立、获得、扩大、管理、运营、清算、销售、处置等方面给予投资者不低于其在同等条件下给予任何其他缔约方或第三国投资者及/或其投资的待遇。这些要求与 BIT 2012 范本的要求一致。上述条款特别是国民待遇条款，通过赋予投资者投资前准入待遇，在很大程度上可以约束东道国通过行政审批的方式约束、控制外资进入的做法，成为推动投资自由化最实质的条款。

TPP"业绩要求"条款要求在涉及建立、收购、扩大、管理、指导、运营、出售和其他资本处置活动时，不得采取传统发展中国家经常采用的违反国民待遇的歧视性做法。这个和 BIT 2012 高度一致。还有资金转移条款规定基本一致，但 TPP 投资条款在一定程度上比 BIT 2012 范本的相关条款更为谨慎。此外，TPP 征收和补偿条款规定的条款与 BIT 2012 范本的相关条款内容一致。

3）"投资者—国家"争端解决。TPP 的"投资者—国家"争端解决机制基本建立在 BIT 2004 范本相关条款基础上，这与 BIT 2012 范本的情况一致。

4）其余条款。TPP 投资条款中，不符措施条款规定缔约国提供国民待遇、最惠国待遇、高级管理与董事会等义务不适用于政府采购或贴补等领域。该条款内容与 BIT 2012 范本基本一致，仅附件内容有细微差别。TPP 投资条款中制定了健康安全与环境措施条款和企业社会责任条款，这一点很有意思，TPP 对于这方面的要求居然低于 BIT 的要求。

所以说，如果 BIT 谈判成功，则 TPP 关于投资方面的要求，中国方面基本能满足。

目前来看，中国在投资开放方面与亚洲其他国家相比明显落后。落后的主要方面是：未开放准入前国民待遇；未明确规范业绩条款；有限使用负面列表方式等。

中国在完成中美 BIT 谈判前，除了需要克服上述三个方面的挑战外，还需面对环境条款、劳工标准、金融服务、国有企业等方面的谈判。

2. 双边贸易谈判

双边贸易早在多边贸易体制产生之前就已经产生，是两国之间彼此保持进出口收支平衡的贸易。双边贸易须通过两国政府签订协议，是在双边结算的基础上进行的贸易。这种贸易双方各以本国的出口支付从对方国的进口，而不用对对方的出口支付从第三国的进口。双方的进出口额应基本平衡。由于进出口双方交换的商品和劳务价值基本平衡，解决或减少了支付困难，促进了国际贸易的发展。双边 FTA 的传统定义是双方之间相互消除货物非关税和关税贸易壁垒。但是最近几年的双边自由化出现新的变化，其内容相应地扩大化。不仅包括货物贸易自由化，而且还涉及投资、服务贸易、知识产权保护、政府采购等。

双边自由贸易协定（Free Trade Agreement，FTA）以签订周期短、灵活协调双方矛盾、更切合双方利益、更合理地实现资源配置等优点，在全球化进程中逐渐吸引各国的眼球。1990 年全球生效的双边自由贸易协定数仅为 27 个，而自 1995 年成立 WTO 以来，各成员通报超过 400 个涉及商品或服务贸易的附加安排。到 2017 年为止，向 WTO 通报的区域贸易协定（RTA）累积达到 647 个，生效的有 433 个。在 2000 年后生效的 RTA 中，双边自由贸易协定所占比例高达 90%。双边自由贸易协定的发展大致分为三个阶段，即自由资本主义时期、西方资本主义大危机时期、经济全球化时期。19～20 世纪初的自由资本主义阶段，双边自由贸易协定成为世界各国在促进本国经济发展时所遵循的基本规则。英国利用其经济霸主的地位，同其殖民地签订了一系列双边自由贸易协定。而后，欧洲也开始了以自由贸易原则为依据而进行的一系列双边关税谈判。最后，由于经济发展的不平衡，西方各国开始了新一轮经济争夺战，双边自由贸易协定基本消失。

20 世纪 30 年代的西方资本主义大危机时期，西方资本主义国家生产过剩，对外出口贸易壁垒不断加大。双边自由贸易协定成为各国缓解经济疲劳的新方法。

随后，世界多边贸易迅速发展，双边自由贸易形式曾一度淡出世界各国的视野。80 年代，随着 WTO 多边贸易谈判一波三折地进行，双边自由贸易又重回到了各国的视野当中，但仅盛行于局部地区。但到了 90 年代末，双边自由贸易协定开始盛行于全球经济浪潮中，如欧盟（EU）、美国等。

面对加速的全球区域经济一体化带来的压力，世界各国也在积极寻求贸易升级与突破。其中，美国的贸易政策经历了一个由消极到积极的转变，现多采取进攻型双边自由贸易协定谈判模式。相比 WTO 规则，美国对于环境、劳工等领域有着更高的贸易标准，双边关系的建立更能保障美国利益最大化、加强政治互信、推行美国的政策。事实证明，双边自由贸易协定是美国打开海外市场最好的方式之一。近些年，美国的全球商品出口份额基本呈逐年增长趋势，除了 2013 年稍微有所下降外，2009～2015 年由 44% 上升至 47%。2016 年，美国对所有国家的产品出口总价值达 14546 亿美元，而对双边自由贸易协定伙伴国家的产品出口占出口总价值的 47%，达 6775 亿美元。

欧盟作为全球最大的发达经济体，也特别强调把握欧盟以外的地区，尤其是亚太地区的贸易机会。2010 年，欧盟与韩国正式签署了欧韩双边自由贸易协定，双方达成战略伙伴关系；之后又与加拿大、新加坡等国相继完成双边自由贸易协定谈判或签署。2013 年 3 月，欧盟和日本也启动了双边自由贸易协定谈判，然而由于各自的利益诉求存在错位等，目前尚未达成协议。除此之外，2007 年 6 月欧盟与东盟开始进行双边自由贸易协定谈判，但是由于东盟成员对与欧盟双边自由贸易协定谈判的态度不同，谈判进程已经被搁置。随后欧盟转而与东盟各国分别进行谈判，目前仅与新加坡和越南达成协定，但尚未实施。2017 年谈判重新启动，若两者达成 FTA，将会对世界经济格局造成重大的影响。

中国双边自由贸易的发展起步虽晚但发展很快。迄今为止，与中国签订双边自由贸易协定的国家或地区有澳大利亚、瑞士、哥斯达黎加、新加坡、智利、东盟、韩国、冰岛、秘鲁、新西兰、巴基斯坦、中国香港及澳门地区；正在谈判的双边自由贸易协定包括《区域全面经济合作伙伴关系协定》（RCEP）、海湾阿拉伯国家合作委员会、中日韩、中—巴基斯坦双边自由贸易协定第二阶段、斯里兰卡、马尔代夫、格鲁吉亚、以色列和挪威，如表 1-6 所示。以最新签订的中澳自贸区为例，协定实施以来，两国在经贸安排、人员流动、文化交流等各方面取得了积极效果。

表 1-6　中国双边自由贸易谈判进程

时间	进程
2005 年 11 月 18 日	中国和智利签署自由贸易协定
2006 年 11 月 24 日	中国和巴基斯坦签署自由贸易协定
2008 年 4 月 7 日	与新西兰签署自由贸易协定，是中国与发达国家签署的第一个自由贸易协定
2008 年 10 月 23 日	中国和新加坡签署自由贸易协定
2008 年 11 月 19 日	中国和秘鲁签署自由贸易协定
2013 年 4 月 15 日	中国和冰岛签署自由贸易协定，是中国与欧洲国家签署的第一个自由贸易协定
2013 年 7 月 6 日	中国和瑞士签署中瑞自贸协定，是中国与欧洲大陆和世界经济 20 强国家达成的首个自贸协定
2015 年 6 月 1 日	中韩自贸协定签订，成为迄今为止中国和外国达成的最大规模双边自由贸易协定
2015 年 6 月 17 日	中国和澳大利亚签署自由贸易协定
2017 年 5 月 13 日	中国与格鲁吉亚自贸协定签订
2017 年 11 月 29 日	中国与马尔代夫自贸协定签订

3. 双边自由贸易协定对 WTO 多边贸易体制的侵蚀

（1）冲击最惠国原则。19 世纪，优惠贸易协定的激增导致关税普遍降低，因为这些双边自由贸易协定中包含最惠国待遇条款。而现在很多双边自由贸易协定包含这一条款，相反在这个框架下被认为是一个"例外"。

最惠国原则即使作为多边体制的基石，也是会带来一定程度的消极影响的，而其例外的存在就是为了使经济发展水平极不平衡的各国在纷繁复杂的国际经贸关系中保持相当的灵活性。然而，近年来由于对这些例外的滥用，很多国家已经明显偏离最惠国原则的轨道。以关税为例，签订了双边自由贸易协定，双方之间的关税会维持在一个较低的水平，相比第三国原来的关税水平会更加优惠，这种优惠的税率根据无差别待遇本应适用于其他第三国，而现在这种差别性优惠却具有广泛性与合理性，这无疑是对最惠国待遇的挑战。

（2）带来贸易转移。双边自由贸易协定对于缔约方来说具有包容性，但是对第三国而言又具有一定的排他性、选择性和封闭性，其优惠的贸易政策在两者之间流动，第三国无法享有。以关税同盟为例，关税同盟对内取消关税，对外则实行统一的保护关税，区域内部的成员国原来可从区域外部以较低成本的价格进口某些产品，现在却要从区域内部其他成员国以高成本进口那些产品，贸易便从区域外转移到区域内，并未实现利益的最大化和资源配置的最优化。一方面，贸易转移效应会带来多边自由贸易协定的激增，欧洲经济共同体的逐步扩大最后转变为欧盟就是一个例子。英国虽然最初没有加入，但贸易转移效应导致其在欧洲内部的贸易额下降，因而被迫加入。另一方面，若积极应对的话，是可以削弱贸易转移效应的。以 2000 年的《欧盟—墨西哥 FTA》为例，欧盟在墨西哥贸易中的比重从 1991 年的 10.6% 降至 1999 年的 6.5%，墨西哥对欧盟产品的关税为 8.7%，而对美国的关税仅为 2%。在这个协定生效后不到一年的时间，墨西哥对欧盟的出口增长了 40%，而欧盟对墨西哥的出口则增长了 60%。

（3）损害 WTO 规则的完整性。多边自由贸易协定也会对 WTO 多边贸易规则的制定、发展与实施造成一定的影响，甚至在一定程度上规避了 WTO 多边贸易规则。以《跨太平洋合作伙伴关系协议》为例，美国一开始介入 TPP，其"亚太战略再平衡"的政治考量完全大于其经济考量，美国试图利用它来影响规则制定，将自己主导订立的成套规则从区域到全球逐步推广。从地域范围来看，TPP 将中国排除在外，成员国之间对中国形成一个包围圈，美国试图借此区位形成一些贸易规则来将中国边缘化，明目张胆地违背 WTO 的公平贸易规则。不管现在 TPP 将往何处走，《国际服务贸易协定》（TISA）以及《跨大西洋贸易与投资伙伴协定》（TTIP）仍在继续前行，今后也避免不了会出现更多类似的区域规则。这两者都是一些贸易大国在多边谈判体制受限、发展中国家等新兴经济体兴起、原有经贸格局日益朝着偏离发达国家的方向发展的背景下提出的，目的是重新加强大国对国际贸易规则的主导权和话语权。这些大范围的双边或者区域贸易规则和贸易体制形成后，会削弱多边贸易体制的"多边性"。

（4）使部分发展中国家贸易被边缘化。WTO 多边贸易规则旨在促进全球范围内的贸易公平，但是双边、区域安排一定程度上又加深了国际贸易的不公平性。美欧等发达国家会利用其享有的资金、资源、技术和机会等优势施加压力，从而使发展中国家与其签订符合它经济、政治和社会发展利益的双边自由贸易协定，造成"大鱼吃小鱼"的局面。如上文所述，目前已经与美国签订的自由贸易协定国家中，除澳大利亚、以色列、韩国、新加坡和加拿大外，都为发展中国家，正在进行双边自由贸易协定谈判的也多为发展中国家。"符合美国利益"是美国选择多边自由贸易协定伙伴时考虑的重要因素。美国的 FTA 谈判策略就在于，利用本国在服务业、高新技术产业等方面的优势，优先选择在这些方面处于劣势的发展中国家或地区进行谈判，将自己的优势贸易注入对方的弱势市场，从而获利更多。相反，在本国诸如轻工、纺织等制造业部门的劣势范围内，美国又强调所谓的"劳工""环境"等标准，来阻挡大部分来自国外的贸易冲击。这样一来，虽然发展中国家在此过程中也会受益，但是也可能会面临更大的风险、带来更大的负担，比如开放服务市场、威胁经济安全、提高国内劳工条件、环境标准等。所以，多边自由贸易协定的灵活性会使一国在有明确进攻利益的领域可以加速推进贸易，而在具有防守利益的其他领域减缓自由化的进程。

五、我国自贸试验区建设进展

（一）我国自贸试验区的前身

1. 经济特区

20 世纪 80 年代初，我国批准设立深圳、珠海、厦门、汕头四大经济特区，实行特殊经济管理体制和特殊政策，用减免税收等优惠办法和提供良好的基础设施，吸引外商投资和促进出口的特定地区。国家级经济特区名单如表 1-7 所示。

表 1-7 国家级经济特区名单

批准时间	所在省市区	经济特区名称	行政区类别
1980 年 8 月 26 日	广东省	深圳经济特区	副省级/计划单列市
1980 年 8 月 26 日	广东省	珠海经济特区	地厅级
1980 年 10 月 7 日	福建省	厦门经济特区	副省级/计划单列市
1981 年 11 月 14 日	广东省	汕头经济特区	地厅级
1988 年 4 月 13 日	海南省	海南经济特区	省级
2010 年 5 月 20 日	新疆维吾尔自治区	喀什经济特区	地厅级

2. 计划单列市

20 世纪 80 年代，我国对一些大城市在国家计划中实行单列，目的是要解决条块分割、城乡分割，逐步探索出一条以大城市为依托的经济区、政治与经济适当分开来发展经济的路子。1983 年 2 月，国务院批准重庆市试行计划单列，随后武汉市、沈阳市、大连市、哈尔滨市、西安市、广州市、青岛市、宁波市、厦门市、深圳市、南京市、成都市、长春市等相继实行计划单列。计划单列城市并没有从根本上改变同省的行政隶属关系，仍受省的"统筹、服务、协调、监督"等方面的领导，计划单列内容主要是工农业生产、交通运输、邮电、固定资产投资、主要商品购销和分配调拨、能源及主要物资分配调拨、外贸进出口、地方定额外汇、劳动工资、财政信贷、科学技术以及各项社会发展计划指标等。计划单列市的收支直接与中央挂钩，由中央财政与地方财政两分，而无须上缴省级财政。出任计划单列市市长的官员级别为副省级。对于外资投资审批方面，设立的外资企业投资规模在国务院规定的限额以下，建设条件和生产经营条件不需要国家综合平衡的，由计划单列市人民政府审批并发给批准证书。

3. 沿海开放城市

开放一些沿海城市是对外开放的又一战略决策。1984 年，大连、秦皇岛、天津、烟台、青岛、连云港、南通、上海、宁波、温州、福州、广州、湛江、北海等被国务院批准为全国第一批沿海开放城市。1985 年，国务院批复营口市享受沿海开放城市某些特权；1987 年，威海市从烟台市分离，翌年，国务院批复威海市为沿海开放城市。这样沿海开放城市合计为16 个。

这些沿海港口城市实行对外开放后，在扩大地方权限和给予外商投资者优惠方面，实行下列政策和措施：①放宽利用外资建设项目的审批权限。生产性项目，凡属建设和生产条件不需要国家综合平衡、产品不要国家包销、出口不涉及配额又能自己偿还贷款的项目，均放宽审批权限。②积极支持利用外资、引进先进技术改造老企业。在关税、进口工商统一税、企业所得税、上缴利润、生产计划等方面实行扶植政策。③对中外合资、合作经营及外商独资企业给予优惠待遇。④兴办经济技术开发区。大力引进中国急需的先进技术，集中举办三资企业和中外合作的科研机构。在开发区内放宽利用外资项目的审批权限，产品出口、内销执行经济特区的政策，税收政策更加优惠。⑤增加外汇使用额度和外汇贷款。

4. 国际级新区

1992 年以后，国家级新区成为新一轮开发开放和改革的新区。除此之外，还有国家综合配套改革试验区，除了具有"经济开发区""经济特区"、农村综合改革试验区的内涵，还涉及社会经济生活方方面面的改革，上述区域可以算作我国的"新特区"，但改革的方向已经从享受政策优势转向享有体制优势。

（二）我国自贸试验区建设进展

自 2013 年 9 月以来，上海自贸试验区在政府职能转变、投资领域开放、贸易方式转变、金融开放创新、法律制度保障等方面取得了阶段性成果。2014 年 12 月，广东自贸试验区、天津自贸试验区、福建自贸试验区同时获批，成为国内第二批自贸试验区。4 个自贸试验区都承载着一定的改革与试验任务，但各自侧重点并不相同。

（1）第一个自贸区。上海自贸区是第一个自由贸易试验区，2013 年 9 月 29 日正式成立，面积 28.78 平方千米，涵盖上海市外高桥保税区、外高桥保税物流园区、洋山保税港区和上海浦东机场综合保税区 4 个海关特殊监管区域。2014 年 12 月 28 日，全国人大常务委员会授权国务院扩展中国（上海）自由贸易试验区区域，将面积扩展到 120.72 平方千米。它的设立是为了适应全球经贸发展新格局，对接 TPP、TTIP、BIT 新规则，按照"境内关外"和贸易投资自由化便利化的目标要求，加快综保区转型升级，全面深化贸易功能、提升投资功能、拓展离岸功能，成为贸易业态模式创新、投资开放创新、离岸型功能创新、政府管理服务创新的"试验田"和示范区，成为我国开放型经济升级的引领区，为全国扩大开放探索新模式，引领我国开放型经济水平的全面提升。通过先行试验更高标准的国际投资规则，成为我国深耕亚太、进一步融入经济全球化发展的先导载体。通过全方位试点全球自由贸易园区通行规则，开创能够在全国合适区域逐渐推广的示范样板。上海自贸区挂牌 5 年多来已有 30 多条经验被国务院要求在全国复制推广，如表 1 - 8 所示。

表1-8　上海自贸试验区改革试点复制推广经验

改革事项	负责部门	推广范围
外商投资广告企业项目备案制	工商总局	全国
涉税事项网上审批备案	税务总局	
税务登记号码网上自动赋码		
网上自主办税		
纳税信用管理的网上信用评级		
组织机构代码实时赋码	质检总局	
企业标准备案管理制度创新		
取消生产许可证委托加工备案		
全球维修产业检验检疫监管		
中转货物产地来源证管理		
检验检疫通关无纸化		
第三方检验结果采信		
出入境生物材料制品风险管理		
个人其他经常项下人民币结算业务	人民银行	
外商投资企业外汇资本金意愿结汇	外汇局	
银行办理大宗商品衍生品柜台交易涉及的结售汇业务		
直接投资项下外汇登记及变更登记下放银行办理		
允许融资租赁公司兼营与主营业务有关的商业保理业务	商务部	
允许设立外商投资资信调查公司		
允许设立股份制外资投资性公司		
融资租赁公司设立子公司不设最低注册资本限制		
允许内外资企业从事游戏游艺设备生产和销售，经文化部门内容审核后面向国内市场销售	文化部	
从投资者条件、企业设立程序、业务规则、监督管理、违规处罚等方面明确扩大开放行业具体监管要求，完善专业监管制度	各行业监管部门	
期货保税交割海关监管制度	海关总署	海关特殊监管区域
境内外维修海关监管制度		
融资租赁海关监管制度		
进口货物预检验	质检总局	
分线监督管理制度		
动植物及其产品检疫审批负面清单管理		

改革事项	负责部门	推广范围
工业产品生产许可证"一企一证"改革	国家市场监督管理总局	全国
海事集约登轮检查制度	交通运输部	
国际船舶运输领域扩大开放		
国际船舶管理领域扩大开放		
国际船舶代理领域扩大开放		
国际海运货物装卸、国际海运集装箱场站和堆场业务扩大开放		
国际船舶登记制度创新（上海）		
海运进境集装箱空箱检验检疫便利化措施	海关总署	

（2）第二批自贸区。2014 年 12 月 12 日，在上海自贸区扩区的同时，国家批复第二批自贸区，将自贸区扩容至中国（广东）自由贸易试验区、中国（天津）自由贸易试验区、中国（福建）自由贸易试验区 3 个自贸区。

广东自贸试验区强调粤港澳合作，带动珠三角地区经济发展。广东自贸试验区提出依托港澳、服务内地、面向世界，将试验区建设成为粤港澳深度合作示范区、"21 世纪海上丝绸之路"重要枢纽和全国新一轮改革开放先行地。其主要任务包括：一是建设国际化、市场化、法治化营商环境；二是深入推进粤港澳服务贸易自由化；三是强化国际贸易功能集成；四是深化金融领域开放创新；五是增强自贸试验区辐射带动功能。

天津自贸试验区提出面向东北亚市场，承载京津冀协同发展。天津自贸试验区的建立是新形势下全面深化改革、扩大开放和加快推进京津冀协同发展的重大举措。其战略定位是以制度创新为核心任务，以可复制、可推广为基本要求，努力成为京津冀协同发展高水平对外开放平台、全国改革开放先行区和制度创新试验田、面向世界的高水平自由贸易园区。天津自贸试验区的海关特殊监管区域重点探索以贸易便利化为主要内容的制度创新，开展货物贸易、融资租赁、保税加工和保税物流等业务；非海关特殊监管区域重点探索投资制度改革，完善事中事后监管，推动金融制度创新，积极发展现代服务业和高端制造业。

福建自贸试验区突出两岸合作，促进台海商贸。福建自贸试验区提出围绕立足两岸、服务全国、面向世界的战略要求，把园区建设成为改革创新的试验田，深化两岸经济合作的示范区，面向"21世纪海上丝绸之路"沿线国家和地区开放合作新高地。福建自贸试验区的主要任务在于率先推进与我国台湾地区的投资贸易自由，主要措施包括探索闽台产业合作新模式，扩大对台服务贸易开放，推动对台货物贸易自由以及促进两岸往来更加便利。第二批自贸试验区改革试点复制推广经验如表1-9所示。

表1-9　第二批自贸试验区改革试点复制推广经验

自贸试验区名称	改革事项	负责单位	推广范围
福建自贸试验区	企业送达信息共享机制	最高人民法院、国家市场监督管理总局	全国
	船舶证书"三合一"并联办理	交通运输部	
	对外贸易经营者备案和原产地企业备案"两证合一"	商务部、海关总署、中国贸促会	
	跨部门一次性联合检查	海关总署	
	海关企业注册及电子口岸入网全程无纸化		
	先放行、后改单作业模式		
	低风险生物医药特殊物品行政许可审批改革		
	入境大宗工业品联动检验检疫新模式		
	国际航行船舶供水"开放式申报+验证式监管"		
	先出区、后报关	海关总署	全国海关特殊监管区域及保税物流中心（B型）
	一般纳税人登记网上办理	税务总局	全国
	市场主体名称登记便利化改革	工商总局	
	进口研发样品便利化监管制度	质检总局	

自贸试验区名称	改革事项	负责单位	推广范围
广东自贸试验区	负面清单以外领域外商投资企业设立及变更审批改革	商务部	全国
	依托电子口岸公共平台建设国际贸易单一窗口，推进单一窗口免费申报机制	海关总署	
	国际海关经认证的经营者（AEO）互认制度		
	出境加工监管		
	企业协调员制度		
	引入中介机构开展保税核查、核销和企业稽查		
	海关企业进出口信用信息公示制度		
	税控发票领用网上申请	税务总局	
	企业简易注销	工商总局	
	原产地签证管理改革创新	质检总局海关总署	
	国际航行船舶检疫监管新模式	质检总局	
	免除低风险动植物检疫证书清单制度		
	会展检验检疫监管新模式		
	保税展示交易货物分线监管、预检验和登记核销管理模式		
	扩大内地与港澳合伙型联营律师事务所设立范围	司法部	
	入境维修产品监管新模式	商务部海关总署质检总局环境保护部	
	一次备案，多次使用	海关总署	
	委内加工监管		
	仓储货物按状态分类监管		
	大宗商品现货保税交易		
	海关特殊监管区域间保税货物流转监管模式		实行通关一体化的海关特殊监管区域

（3）第三批自贸区。2016 年 8 月 31 日，第三批自贸区扩容至中国（辽宁）自由贸易试验区、中国（浙江）自由贸易试验区、中国（河南）自由贸易试验区、中国（湖北）自由贸易试验区、中国（重庆）自由贸易试验区、中国（四川）自由贸易试验区、中国（陕西）自由贸易试验区 7个自贸区，5 个在内陆，2 个在沿海。

国家批复设立第三批 7 个自由贸易试验区的目的是表明我国进一步扩大开放和推动全球自由贸易的态度。特朗普上台后，提出和启动退出 TPP，给中国扩大对外贸易和在世界经济舞台上的作用力、影响力一个绝佳的机会。为此，我国进一步加快推进"一带一路"倡议，解构 TPP。作为一种回应和支撑，进一步扩大自贸区，显现了大国意志。而在内陆地区布局自由贸易试验区不仅是促进区域均衡发展的需要，也是对"一带一路"的支撑。但是，从政策和制度创新上来讲，已经没有什么新意（从这个角度讲，浙江自贸试验区倒是特色显著）。自由贸易试验区进一步开展开放创新的空间有限，其使命是扎实推进现有改革。因此，从这个角度来说，自由贸易试验区已经终结，探索建立自由贸易港势在必行。第三批自贸试验区改革试点复制推广经验如表 1 – 10 所示。

表 1 – 10　第三批自贸试验区改革试点复制推广经验

改革事项	负责单位	推广范围
简化外锚地保税燃料油加注船舶入出境手续（舟山）	公安部	全国
外锚地保税燃料油受油船舶便利化海事监管模式（舟山）	交通运输部	
保税燃料油供油企业信用监管新模式（舟山）		
保税燃料油供应服务船舶准入管理新模式（舟山）		
进境保税金属矿产品检验监管制度（舟山）	海关总署	
外锚地保税燃料油受油船舶"申报无疫放行"制度（舟山）		
国内航行内河船舶进出港管理新模式（湖北）	交通运输部	
铁路运输方式舱单归并新模式（陕西）	海关总署	
海关特殊监管区域"四自一简"监管创新（重庆）		全国海关特殊监管区域
"保税混矿"监管创新（辽宁）		全国海关特殊监管区域

（三）海南自由贸易港

2018 年 4 月 13 日，在海南建省办经济特区 30 周年大会上，习近平总书记宣布，党中央决定支持海南全岛建设自由贸易试验区，支持海南省逐步探索稳步推进中国特色自由贸易港建设，分步骤、分阶段建立自由贸易港政策和制度体系，作为党中央着眼于国际国内发展大局、深入研究统筹考虑科学谋划做出的重大决策，作为彰显我国扩大对外开放、积极推动经济全球化决心的重大举措。

因此，作为岛屿经济体，海南省获批全岛建设自由贸易试验区除了特区 30 周年因素、国家南海战略之外，其多年坚持发展海洋旅游，并围绕旅游服务业开展制度创新是关键因素。习近平总书记"4·13"重要讲话中明确要求海南省发展不能以转口贸易和加工制造为重点，而要以发展旅游业、现代服务业、高新技术产业为主导。旅游业、现代服务业和高新技术产业都属于服务贸易范畴。海南省以服务贸易为主导，符合全球贸易发展大趋势，符合我国形成对外开放新高地的战略安排，符合海南省自身发展定位。

1. 海南自由贸易港的优势

与国内其他 11 个自贸试验区相比，海南自贸试验区有 6 大不同。

（1）定位不同。海南建设自贸试验区，既要复制推广和深化现行自贸试验区的各项制度创新，同时也要为积极探索、稳妥推进中国特色自由贸易港打好坚实基础。以自由贸易港为发展目标，高标准高质量建设自贸试验区，这是海南与国内其他 11 个自贸试验区最大的不同。

（2）范围不同。海南自贸试验区的实施范围为海南岛全岛，是国内其他 11 个自贸试验区面积总和的 27 倍，是中国香港的 32 倍、新加坡的 49 倍、迪拜的 9 倍。

（3）对象不同。国内其他 11 个自贸试验区绝大多数都是划出一定的综合保税区、海关特殊监管区、空港、海港、产业园区等来做试点，很多片区只有厂房、企业，没有居民，有的片区会覆盖一些社区居民，但人口不多。而海南自贸试验区面向的是910多万海南人民。

（4）领域不同。海南自贸试验区建设全面覆盖三次产业，深化现代农业、高新技术产业、现代服务业对外开放，同时包含生态文明、海洋经济和军民融合等领域。

（5）政策不同。海南省改革措施涉及调整现行法律或行政法规的，经全国人大或国务院统一授权后实施；中央有关部门根据海南省发展改革需求，及时下放相关管理权限，给予充分的改革自主权；11个自贸试验区已探索的改革措施，海南省可以根据需要施行。

（6）体制不同。中央专门成立了推进海南全面深化改革开放领导小组。在中央深改办、推进海南全面深化改革开放领导小组办公室、中央编办的大力支持下，省委在推动全省机构改革中，组建成立了省委全面深化改革委员会办公室，同时挂省委自由贸易试验区（自由贸易港）工作委员会办公室的牌子。

2. 海南自由贸易港成立以来经验借鉴

海南自由贸易港区设立一年多来，海南省以打造法制化、国际化、便利化营商环境为目标，以制度创新为核心，坚持"大胆试、大胆闯、自主改"，在旅游、教育、医疗健康、运输、文化体育娱乐、保险、服务外包、中医药8个重点领域出台实施60余项政策措施，成效逐渐显现。据省商务厅服务贸易促进局副局长姬国辉介绍，自试点开展以来，海南省共提出68项创新任务，目前已完成63项，完成率93%。在改革刺激下，2017年上半年，海南省服务贸易进出口总额同比增长23.9%，高出全国11个百分点。

（1）机制创新激发市场活力。海南省先后出台了《入境旅游市场开拓扶持办法》《民航客运财政补贴政策条款实施办法》等各项优惠政策，激发了全省旅游企业投身入境市场的热情和信心。据统计，海南省目前已开通国际直达海南航线56条，覆盖俄罗斯、韩国、泰国、马来西亚、新加坡、德国等国家。国际航线的增加为海南服务贸易拓展架起"空中桥梁"。同时海南省设立了中国（海南）·东盟青年创新创业园，成为海南省服务贸易拓展的"网络平台"。

（2）便利化措施提升国际化水平。在赛事、会展等领域出台多项便利化措施，提升国际化水平。为吸引 2017 世界青年帆船锦标赛等国际性帆船赛事落户海南，省文体、口岸等部门共同制定全国首个《海南省帆船赛事组织服务管理办法》，放宽赛事帆船和人员出入境限制，外籍参赛船只无须缴纳相当于船只价值 45% 的押金，极大地简化了外籍船只参赛手续。

除此之外，海口海关通过实施"保税仓库＋维修"监管模式，推动海南开展境外飞机进境维修业务，成为服务贸易新亮点。据统计，2017 年海航集团申报进境维修飞机 10 架，维修金额 1450 万元。

（3）以负面清单推动形成服务业开放新局面。改革开放以来，制造业领域开放水平较高，有学者估算已经达到 95%，但服务业领域 50% 左右仍面临市场垄断与行政垄断，导致服务型消费需求快速增长与服务产品供给总量不足的矛盾比较突出。加快形成以服务贸易为主导的负面清单，有利于使社会资本成为服务业发展的主导力量，有利于充分发挥市场在服务业领域资源配置中的决定性作用，在海南省实施更加精简的负面清单。目前，11 个自贸区负面清单有 95 项，其中限制服务贸易的有 70 项。海南省经初步研究后将争取将负面清单压缩到 30 项。

六、自由贸易区域政策的国外经验

（一）美国——科学管理，自由开放

自贸区作为一种推动贸易自由化、促进区域经济发展的重要形式，经过几百年的发展，依然充满生机，对一国或地区的经济社会发展发挥着重要作用。自贸区又称免税区或关税自由区，是指一国或地区在其领土上划出一定范围，实行特殊开放政策，免收关税，以此实现以进出口贸易或加工制造来拉动地区经济增长的目标的区域。几个世纪以来，世界自由贸易区在各自的发展过程中都取得了不同程度的成效，积累了丰富的经验。尤其是美国，美国的自贸区被称为"对外贸易区"（Foreign Trade Zones），不仅数量最多，而且发展得很好，这要归功于它科学的管理体制和独具特色的开放政策。因此，中国在建设自己的自贸区时不应该以强调中国特色为由，而忽视自贸区发展的一般共性，应该适当地借鉴他国的经验，然后在此基础上创新，使中国的自贸区跟上时代步伐的同时，创造出属于自己的特色和风格。国内研究美国 FTZ 的文献主要有周阳的《美国对外贸易区制度》（一）、钟坚的《美国对外贸易区的发展模式及其运行机制》等。研究美国 FTZ 对中国的启示主要集中在对保税区的启示，这方面的文献主要有周阳的《美国对外贸易区制度及对我国保税港区的启示》、吴蓉的《借鉴美国对外贸易区经验推进我国保税区发展》等。

1. 基本概况

美国对外贸易区是根据 1934 年国会通过的对外贸易区法案在美国本土邻近海关的地区为促进国际贸易设立的特殊区域，旨在鼓励美国企业提高国际市场竞争力、降低生产成本、创造就业和吸引投资。对外贸易区通常设立在港口、码头、机场或工业区，区内的企业可从事仓储、分销、展示、加工，经过特殊的批准也可从事生产，进入区内的货物可享受免税或延迟征税。复出口的货物免征关税。1934 年 6 月，美国国会通过以促进对外贸易为宗旨的《对外贸易区法案》。该法案提出，在港口或机场附近划出一个特别地区作为自由贸易区。该区不在海关管辖之内，凡依法进入区内的货物，都不受美国海关法限制，并享有各种优惠待遇。同时，联邦政府还设立了专门管理机构——对外贸易区委员会（Foreign Trade Zones Board，FTZB）。1936 年，美国在纽约州的布鲁克林建立了第一个自由贸易区。美国对外贸易区在 20 世纪 40~60 年代处于缓慢发展期。截至 1970 年，美国对外贸易区数量仅为 12 个，主要分布于沿海及五大湖的港口地区。之后，鉴于美国对外贸易形势出现下滑并形成贸易逆差的不利局面，为了促进对外贸易发展和增加就业机会，美国联邦政府和各州政府开始争相建立各类自由贸易区，并实现每个州均有分布。对外贸易区可分为综合区（General–purpose Zones）和分设区（Subzones）两类。综合区一般设在港口或工业区，为多家企业服务，分设区一般经批准为某个生产企业设立。目前，对外贸易区遍布美国50个州，有超过250个综合区和超过500个分设区。目前，在美国1/3进口商品关税为0（平均最惠国进口税率只有4.5%，农产品除外）的情况下，其对外贸易区仍呈现出强大的经济竞争力。美国比较著名的对外贸易区有第1号纽约州布鲁克林对外贸易区、第32号佛罗里达州迈阿密对外贸易区等。

2. 空间分布

纵观美国对外贸易区80余年的发展实践，其基本特点是数量庞大且遍布各州，以各个州或城市的经济基础与区位条件为前提，设立对外贸易区的数量和产业功能各有差异，形成临港、临空和陆路枢纽三大基本区位类型。

（1）临港型。临港型包括濒临海港与河港两种类型。该类型对外贸易区以太平洋、大西洋、五大湖以及墨西哥湾沿岸地区的分布最为密集。其中，加利福尼亚州、密歇根州、马萨诸塞州、新泽西州、佛罗里达州等的对外贸易区数量和入区商品价值总额均位居全美前列。目前，明确由港口、港务局或港口委员会承办的贸易主区数量达56个，主要包括洛杉矶202号、长滩50号、怀尼米港205号、波士顿27号、布劳沃德25号、新奥尔良2号、格拉姆西124号自由贸易区等。

（2）临空型。临空型包括依托综合航空运输体系而设立的自由贸易区。它通常邻近航空港而设，如孟菲斯、丹佛等国际化大型枢纽机场成为发展临空型贸易区的优势区位。目前，由美国航空管理局或机场管理局直接承办的贸易主区多达24个（以田纳西州、佛罗里达州、印第安纳州、北达科他州、得克萨斯州、弗吉尼亚州较为集中）。其中，孟菲斯国际机场是全球最大的货运机场之一，77号对外贸易区的入区商品价值总额位居美国首位。

（3）陆路枢纽型。陆路枢纽型包括依托高速公路、铁路等交通枢纽节点设立的对外贸易区。该类型对外贸易区能够充分发挥由州际高速公路、州内高速公路以及县内外公路组成的陆路物流高效便捷优势。与临空型和临港型对外贸易区相比，陆路枢纽型对外贸易区发展的总体规模较小，但数量众多且分布广泛。它的运营管理主体比较多元化，主要包括地方当局、地区商会、自贸区公司、交通运输部等。

3. 产业选择

1950 年，美国修订对外贸易区法案，允许其扩展至制造业及其他各类生产性服务。对外贸易区以加工制造和仓储物流为主要功能，兼具仓储、展示、处理、销售等多种功能美国对外贸易区的入区货物中，仓储和分销运作约占 25%，以石油、汽车整车、消费类电子、纺织业和鞋业、消费类产品为主；制造和生产运作的货物约占 75%，以石油、汽车零部件、消费类电子、制药和机械设备为主。此外，区内产品出口总额中，仓储和分销运作出口占 24%，制造和生产运作出口占 76%（见图 1-2）。可见，美国对外贸易区以加工制造业和物流等生产性服务业为主。对外贸易区为美国充分利用国内外资源要素参与世界经济分工提供了极大便利，尤其以工业制造业领域最为突出。目前，美国活跃的对外贸易区约为 180 个。其中，活跃的制造业有 289 项，聚集了 3050 家企业，提供了约 39 万个就业岗位。对外贸易区的各项便利条件和优惠政策吸引了大量国内外原料和零部件企业进入区内进行仓储、配送或生产。

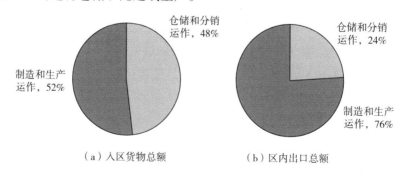

（a）入区货物总额 （b）区内出口总额

图 1-2 美国出入对外贸易区的货物分类

4. 管理模式

美国自由贸易区在长期发展过程中，逐渐形成独特的管理模式。

（1）管理机构各司其职。

1）美国的对外贸易区委员会是美国政府领导的直接管辖全国所有对外贸易区的最高机构。它的主要职责是，制定对外贸易区的管理规则，审查批准各州对外贸易区的设立，检查调查对外贸易区运作情况以及决定注销或撤销对外贸易区。委员会成员包括商务部部长、财政部部长和其他人员。执行秘书是委员会的主要管理官员，由商务部部长任命，主管日常工作，下设1名专职人员，负责协助其开展工作。委员会的决定采取全体成员一致投票的方式，并以委员会命令的形式对外发布，所有的投票都会记录在案。美国对外贸易区委员会是跟随对外贸易区的诞生而出现的，有权授予企业在美国入港处或靠近入港处设立对外贸易区的特权。1934年颁布的《对外贸易区法案》是管理对外贸易区的基本法律。对外贸易区委员会制定程序规则来管理区内的日常运作，委员会每年还需向美国国会提交一份工作报告，详细陈述当年对外贸易区的管理和运营情况。

2）美国的海关总署是负责行使对外贸易区海关管辖权的部门，监督管理对外贸易区进出口货物和人员流动的情况。美国对外贸易区委员会负责委派海关人员实施检查、监督职责。"9·11"恐怖袭击以后，美国组建了新的国土安全部。美国海关成为国土安全部下属的"海关和边境保护局"（CBP），其首要职责是保障进口物品不危害美国国家安全。海关在对外贸易区中处于中立地位，负责管理对外贸易区的日常活动，对货物进出区进行监控，征收有关税费。海关的所有程序和要求都要符合法律法规，以确保进出货物的安全。但是，海关不可以越权处理其他部门和机构权限内的事务。

3）美国对外贸易区协会是一个对所有FTZ进行协调、对政策进行监督的组织机构。该机构定期召集协会成员开会，讨论对外贸易区在运行过程中出现的问题以及当前政策对发展FTZ的利弊，并与有关部门商讨解决问题的办法。此外，该协会还会做一些辅助性工作，例如及时更新信息，收集相关资料等。

（2）对外贸易区内部管理体系。虽然对外贸易区的政府管理从整体上把握，进行协调、监管，但是还需要区内非政府机构的经营管理，才能使对外贸易区内的活动正常运转，保持活力，实现它的价值。对外贸易区内部管理体系由受让人、经营者和使用者构成。

1）受让人（Grantee）也叫承让人，是经对外贸易区委员会批准授权，建立、管理和经营对外贸易区的法人团体或私人公司。受让人拥有的对外贸易区的特权不得出售、转让和转移。受让人按照公共事业原则对对外贸易区进行管理，同时也执行部分行政管理职能，贯彻落实法规政策，受让人也可雇用其他公司作为经营管理者或租给私人公司。许多港口管理委员会，市、县的经济发展组织，既是对外贸易区的受让者又是管理者。

2）经营者（Operator）是与受让人达成协议，负责经营管理对外贸易区的企业或个人。经营者需要根据规定提供一定担保。经营者的职责主要是处理好对外贸易区的具体建设运营事宜，例如，改善区内发展环境，提供方便的服务，吸收企业入区并进行日常管理。对外贸易区的经营管理者一般可以是仓库、储存、运输、配送等行业的企业。私营企业要想成为对外贸易区的管理者，需要经州政府法令批准。

3）使用者（User）是与受让人或经营者达成协议，在对外贸易区内进行储存、加工或制造等业务的企业或个人。在分区内，经营者与使用者往往是同一个企业。对外贸易区的使用者一般包括汽车制造商和装配商，印刷油墨制造商、造船商、炼油企业、药物制造商等。然而，无论是受让人、经营者还是管理者，都要共同承担对外贸易区的管理责任。虽然在对外贸易区可以自由开展业务，但仍然要遵守有关法律的规定，受政策制约，遵循政府的宏观管理。政府和区内部公共机构、私人企业结合的管理框架既可保证政府的统一管理，又可充分发挥地方积极性和市场机制的作用，使得对外贸易区的建设呈现整体协调，保持发展活力。正是两者的紧密配合、分工合作，才使美国对外贸易区能够保持良好的秩序，每天正常地运行。

5. 海关监管制度

美国对外贸易区的发展得益于美国当局根据具体情况制定出的良好政策，还有政府、公共机构的经营管理，当然也离不开美国海关的科学监管制度。

（1）监管理念。海关监管的理念是被动的，通过使用者知法守法，海关提供服务为指导思想，进行与经营者共同管理的监管模式。政府充分相信入区企业有自律能力，能够严格遵守法律法规，按规章办事，维护对外贸易区的秩序。海关监管的重点在于货物进入国内市场的关卡上，对于区内的日常管理则放手经营者自主管理。尽管海关放松管理，但绝不姑息违法者，任何违法犯罪行为都要严厉处罚，甚至吊销营业执照，处以巨额罚款等。海关对对外贸易区的监管是为使用者提供服务。海关检查工作时，不能影响企业的正常运行。

（2）审计核查制度。美国海关对对外贸易区货物的监管从原来逐票逐单的监管方式转变为通过审计核查方式实施监管，省去了比较烦琐的检查项目，简化了监管程序。转变监管方式后，对外贸易区也不再需要常驻海关人员了。对外贸易区的经营者负有监管责任，对区内货物的票据、样本、生产、安全及存储情况等进行具体监管。海关的审计工作由审计师完成，主要审查该区域最近几年的交易记录。海关有时也会临时抽查，现场核查区域内的货物，如发现清点货物与库存清单不符，检查人员可以责令运营商及时改正，确保及时解决发现的问题。审计检查和现场查验为两种独立共存、相互促进的海关监管方法，这样一来，可以大大减少海关的日常监管工作量，节约海关人力，同时也可以提高对外贸易区货物进出的速度。与区外海关对进口集装箱货物 3.5% 的直接现场查验率相比，对外贸易区的物流优势相对显著。

（3）通关便利性。为了推进美国对外贸易区的贸易实现通关便利化，2000 年修改的《贸易发展法案》确立了周报关制度。对于需要运往区外的货物，使用者可以申请一周申报一次。周报关制度的确立，不仅可以使企业减少大量繁杂的申报手续，而且给企业节省相当于 0.21% 货值的报关费用。集中报关程序可以加快国际货物物流，减少延误。第二项加快物流通关的政策是直通程序。启用直通程序由企业向所在地口岸海关关长提出申请，获得批准的货物可以直接以保税的方式进入口岸的对外贸易区，而不再需要向事先到达的口岸海关申报。直通程序的使用使海外货物运输到对外贸易区的时间可以缩短 1～2 天，同时也可以减少申报手续，加快货物的流通。

（4）实行计算机监控。在监管过程中，美国对外贸易区海关强调计算机技术的使用，通过计算机对货物进出区的情况进行登记、核销，实施动态监管，把繁杂的进出海关手续降低到最低程度，从而提高了海关的行政管理效率。海关可以委托运营公司管理货物进出，而运营公司将货物进出清单送海关存档，以这种自主管理的方式，可以节省海关人力，减少工作量。

6. 矩阵联络制协调沟通

美国对外贸易区之所以在全世界具有很深的影响力，除了它独有的特点和齐全的功能给贸易区使用者提供便利，还在于它有一个自上而下完善的管理体系，保障对外贸易区每天顺利地运行以及分区制度的设置，有效地扩大了对外贸易区的覆盖范围。美国对外贸易区委员会以不同的区域和活动类型两个因子为依据，建立矩阵制联络员制度，以实现对全美各个地区对外贸易区的有效沟通。一方面，根据各个对外贸易区所在州的地理位置将对外贸易区划分归属到东部区域、大湖区域、中部区域和西部区域，每个区域各自配备 1 名联络员，将全国所有对外贸易区加以囊括；另一方面，根据对外贸易区的相关活动类型，又将其划分为 6 大类别，主要包括新设或变动的对外贸易区范围、有关制造活动、石油炼制、年度汇报、申请副本和利用网站进行沟通等，并配备专职的交叉联络员。以上 4 大区域和 6 大类别构建起矩阵制联络制度，为自贸区发展提供了高效的沟通保障机制。

7. 主区—辅区并行运营

美国对外贸易区的发展形成了颇具特色的主区（General Purpose

Zones）和辅区（Subzones）经营扩展模式。截至 2015 年 6 月，美国批准成立 261 个主区和 593 个辅区。其中，主区是综合性的多用途区域；辅区则通常由一家公司划定经营，属于专门性的特定用途区域（以单一企业为主）。当通用的主区内出现公用场所不能满足相关企业发展需求时，依据相关法律可以准许建立分区，作为主区的附属部分。

从企业经营的角度来说，即使受到用地成本、固定投资或环境因素等各种条件限制无法进驻主区，也可以利用辅区制享有自由贸易园区的所有政策优势。需要指出的是，辅区以加工制造业活动为主，且一个主区可附属多个辅区。目前，对外贸易区 77% 的出口货物由辅区完成，其经济总量规模大大超过主区。其中，石油生产、汽车零部件制造、纺织服装、钢铁、食品和造船等都以设立辅区的形式存在。因此，众多辅区已然成为美国对外贸易的主体。主辅区的运营模式，既提供了美国对外贸易区发展机制的灵活性，又提高了对外贸易区生产资源的空间配置效率。

8. 立法的保障性

（1）立法的权威性和统一性。美国有专门的立法保障对外贸易区的法律地位以及高效运行。美国于 1934 年颁布实施《对外贸易区法案》，并分别在《联邦政府法规汇编》第 5 卷第 400 部分和第 19 卷第 146 部分中规定了详细的具体操作程序，从而形成一个较为完整的对外贸易区法律法规体系，奠定了对外贸易区稳定发展的基础。《对外贸易区法案》是美国专门管理全国所有对外贸易区的法律，具有权威性和统一性。在对外贸易区发展的几十年中，美国根据国情的发展变化和市场的需求变化，对法案进行了多次修改，每次修订都会对对外贸易区的发展起一定的推动作用。

（2）先立法后设区保障 FTZ 运行有法可依。大多数国家发展自贸区都是先立法后设立贸易区，根据制定好的法律发展自贸区；少数国家是先设区后立法，根据自贸区的发展需要不断制定相关法律。美国的对外贸易区在《对外贸易区法案》颁布两年后才成立，法律对对外贸易区的成立与运行提供了制度保障与引导。《对外贸易区法案》颁布之初就规定了对外贸易区的定义和功能，为美国之后各口岸成立对外贸易区提供了法律依据与标准。法案中也明确规定了对外贸易区的管理体制、监管制度、贸易制度、投资和企业制度、金融制度、税收制度等相关制度，营造出法治环境，为对外贸易区的运行提供了法律保障，保证各 FTZ 在法制下高效运行。

（3）政策的优惠性。为了使贸区吸引国内外投资者，促进自贸区的繁荣与发展，各国政府在发展自贸区时制定了许多优惠政策。美国 FTZ 政策的优惠性首先表现在关税豁免方面，商品免征关税进入对外贸易区是最重要的优惠政策。《对外贸易区法案》规定："任何进入对外贸易区的商品，无论来自国内还是国外，除非是法律禁止或有害公共利益和健康的，均不受美国海关法的限制。"进入对外贸易区的商品可以进行任何形式的储存、展览、组装、制造和加工，免办正式的进口手续，也无须交纳关税。但运往美国国内消费的商品，则必须交纳关税。美国对外贸易区有一项特殊优惠政策——"倒置关税"的减免。所谓"倒置关税"，是指当成品的税率低于用于加工生产的原材料或部件的税率时，只对成品征收关税，而不再征收零部件的关税。如此一来，生产者可以把原材料和组装件运往对外贸易区，在那里进行加工、组装或生产成品，既可以节约运输成本，也可避免有些零部件产品带来的高税率。

此外，在对外贸易区内将散装的商品进行装配、加工、分类、清理、混合、展示或制造的过程中形成的增值部分，免征增值税。对于区内的制成品，进入国内市场时，只对其中的外国成分征税，废料及损耗部分免税。对外贸易区还有其他优惠政策：①货主可在货品储存期内在展览场所进行陈列，展销时间无限制，可按批发数量出售，无须交纳有关税款；②在配额方面比较宽松：货物在对外贸易区内没有配额限制，使用者可以在区内储存货物，根据国家配额的变化做出调整进出口策略；③行政费用的减轻，对于从事转口贸易者效果明显，可以省去出口退税带来的麻烦，免去许多费用支出和文书工作；④对外贸易区之间可以进行免关税转移货物，如进口商品运抵某一对外贸易区，但需要在另一对外贸易区加工，在转运中商品处于免税状态，外国商人可以将美国对外贸易区作为不同运输方式的转运点，既可以减少海关手续，又可以避免被征关税。

9. 进入与退出机制的灵活性

美国建立了完备的对外贸易区准入和退出机制。美国法律规定，设立对外贸易区必须符合公共利益，有利于区域经济发展。因此，本质上来说，对外贸易区的设立是美国促进经济发展的一项公共事业。相对正式进口申报手续而言，对外贸易区内的货物被视为处于海关关境之外，即所谓的"境内关外"。从地理位置上看，对外贸易区设在进口口岸或其毗邻地区内，仍属于美国领土范围之内，受美国司法管辖。"毗邻"的含义是，从进口口岸边界算起，在60英里之内，或驾车90分钟里程之内，而分区可以不受此项限制。数量上，每个进口口岸至少可设立一个对外贸易区。美国对外贸易区的申请人可以是州政府机构、私人企业或非营利机构。一般来说，对外贸易区委员会应优先考虑公共机构的申请，前提是该公共机构得到该对外贸易区所在州立法机构的授权立法支持。私营企业申请时，须该对外贸易区所在州立法机构专门制定一项特别法案，同时需要企业提供相应证据证明。设立分区的申请一般通过主区的受让人进行。申请分区时需要说明在分区中设立的加工制造项目有利于增进所在地区经济和社会公共利益。

美国FTZ具有较完善的退出机制：由于各种原因暂时停止运营的总区或分区，可以向当地海关与边防局申请进入"休眠状态"；如果某个总区或分区没有必要再继续运营，受让人可以申请中止并取消该区；受让人申请对外贸易区的运营权，如在5年内未向海关与边防局申请激活，该区将被终止。这种退出机制使对外贸易区的发展呈现动态自由配置，从而可以消除贸易区的"闲置"或"不足"带来的浪费现象，实现对外贸易区进入与退出的灵活性。

（二）中国香港——简单低税，不设任何贸易壁垒

中国香港是一个闻名世界的自由港。在1842年至今的176年，香港逐步从单一的转口贸易港发展为国际贸易中心、国际金融中心乃至世界最开

放的自由港之一。当前，中国香港自由港的国际地位之所以广受肯定，不仅因为优越的地理位置，还得益于特区政府的诸多努力，包括实行自由贸易政策和简单低税制，打造便利营商环境和推进贸易服务全球化，等等。自由贸易港通常是指设在国家与地区境内、海关管理关卡之外的允许境外货物、资金自由进出的港口区，外方船只、飞机等交通运输工具也可自由往来。整个香港特区都是自由港。

1. 无贸易壁垒，进出口程序渐变，税务制度优秀

除了位置优越外，作为外向型开放经济体，中国香港长期奉行自由贸易政策，不设置任何贸易壁垒，进出口程序简便。一般而言，除了四个税号（酒类、烟草与香烟、碳氢油类、甲醇）之外的所有货物的进出都可以享受"零关税"。美国传统基金会已连续23年评选中国香港为全球最自由经济体。香港的税务优胜之处在于简单低额，只设三种直接税，包括利得税、薪俸税、物业税，并设有免税额制度。香港特区行政长官林郑月娥在首份施政报告中提出，要进一步减轻企业尤其是中小企业的税务负担。由世界银行与IFC国际金融企业组织发布的《2016赋税环境报告》认定，中国香港的赋税环境是全球最佳地区之一。

2. 积极参加多边、双边、区域贸易协定

香港还积极参与多边、区域、双边贸易协定，以此保障和改善香港货品及服务进入外地市场的机会，推动贸易和服务全球化，为营商人士创造新商机。例如，中国香港与东盟签订了自由贸易协定和投资协定，涵盖了货物贸易、服务贸易、投资及其他相关范畴。

3. 努力营造便利的营商环境

香港致力于营造方便营商的环境，专门组建了"方便营商咨询委员会"，旨在优化本地的规管制度，提供有效的跨部门、跨界别沟通平台，让业界就规管事宜向政府表达意见。香港在这方面的工作也得到国际广泛认同。10年来，中国香港在世界银行《营商环境报告》的排名一直处于全球前五。

香港特区政府在加强通关便利方面也不遗余力。香港作为自由港，对

货物进出口只实施最低限度的发证管制，通过多项措施减轻贸易管制带给业界的负担，并加快清关。举例而言，香港与内地紧密合作，推展"自由贸易协定中转货物便利计划"，便利贸易商使用关税优惠，从而吸引货物经香港转运；通过"跨境一锁计划"，利用电子设备为转运货物提供无缝清关服务。此外，香港特区政府正推进发展"贸易单一窗口"计划，让业界通过"一站式"电子平台向政府提交出入口贸易文件。根据世界经济论坛最新发布的全球竞争力报告，中国香港在通关便利方面的排名继续保持全球第一。

4. 对内地自贸区的借鉴

要想成为成功的贸易中心，交易成本是最重要的考虑因素。交易成本主要受两方面影响：一是便捷；二是风险。便捷代表着效率，一个地方作为贸易中心的效率受多方因素的影响。首先是规模经济，是否有大批贸易商与海外不同地区的买家和卖家保持广泛联系。其他支援配套的服务环境也是促进交易效率的重要因素，如报关方式、海关管理的简易程度和透明度，其中当然包括简单税制、低税率等。贸易中心主要是一个交易平台，交易便会涉及风险。法律体制的保障是所有现代交易的重要基础。完善的法律体系不仅在达成合约的过程中能降低风险，若买卖双方出现纠纷，透明、有效的解决机制也是一项重要保障。香港作为自由港要素齐全，商品、服务、资金、信息、人员流动相对自由，货物进来后，给予"国民待遇"，几乎一视同仁，并且整个香港特区都是自由港。以上这些经验都值得内地借鉴。

（三）新加坡：高度透明，遵守数据隐私和安全规则

1969 年，新加坡在裕廊工业区的裕廊码头内划设第一个自贸区，如今新加坡已经逐渐发展成为一个高度开放的贸易自由港。自贸区在促进该国贸易方面发挥了重要作用。新加坡境内目前共有 7 个自贸区，其中 1 个以空运货物为主，樟宜机场自贸区由樟宜机场集团管理；另外 6 个以海运货物为主，其中 5 个由新加坡港务集团有限公司管理，1 个由裕廊海港私人

有限公司管理。新加坡的 7 个自贸区都以围墙与外界隔离，所有进出自贸区的通道由海关查检站管理，进出人员和车辆都必须接受检查。

1. 形成商业生态系统集群

新加坡自由港的主要优势在于其从软硬件建设和法律法规实施两方面入手，在自贸港区内部形成有活力的商业生态系统集群。新加坡在本地区只是一个小岛，在这种情况下，新加坡政府明智地指定自贸区来聚集生产设施和基础设施，从而将商业生态系统连接在一起，这让自贸区成为具有高价值密度的节点，吸引了大量世界级的跨国企业和当地企业进驻。例如，樟宜机场附近的自贸区同时具有包括无线与宽带接入、智能电网、数字应用、金融网络等在内的高科技软基础设施和包括道路、跑道和仓库在内的硬基础设施，而这些基础设施能够支持自贸区把新加坡、东南亚地区和全球的所有重要利益相关者联系在一起。为了满足自贸区日益庞大的信息处理需求，新加坡政府以电子化促进贸易便利化，先后建设了港口管理电子平台港口网，国家贸易平台等，发展出电子数据交换系统，推出了贸易管理电子平台贸易网，开通了中立、安全的贸易平台等一系列电子窗口与平台，为自贸区发展服务。

2. 完善的商业服务体系

新加坡完善的商业生态系统还涵盖金融服务、外汇交易、保险、法律仲裁、人才等方面，它们能够与贸易结合起来，共同推动自贸区的发展。根据新加坡国际企业发展局的介绍，新加坡在低成本贸易金融服务方面能够为企业提供必要的基础设施和专业技术支持。新加坡在全球 75 个金融枢纽中排名第四，是亚洲最大的企业银行中心。全国拥有 500 多家金融机构提供商业和企业银行服务，包括交易金融服务和系统商品贸易融资。由于新加坡的金融成本较低，很多贸易公司都将金融和资产保管中心设在新加坡，为全球子公司提供融资及借贷服务。

新加坡在涉外贸易纠纷的法律仲裁方面也有独到之处。该国法院受理的仲裁案例的数量稳步增长。根据瑞士洛桑国际管理发展学院 2011 年发布的《世界竞争力年鉴》，新加坡在通过司法保护企业竞争方面排名第一。

新加坡的法律明晰，在支持法律纠纷各方进行沟通方面表现良好，法律执行层面也做到了统一和公平，没有出现执法不一致的现象。这为新加坡的商业环境创造了信心和稳定，使其能够吸引更多的世界级企业驻扎。

3. 先进的风险管理

由于商品和金融市场的浮动性大，风险管理已成为贸易公司不可或缺的职能。以外汇交易而言，新加坡是亚洲排名前三的外汇交易中心，因此商品贸易公司在新加坡开展业务能更有效地降低外汇风险。新加坡还拥有200 多家各种类型的保险企业，它们提供了先进的风险管理解决方案，使新加坡成为亚洲主要的保险枢纽。

4. 由全球优秀企业管理港务工作

为了能更有效、更有弹性地整合运用资源，新加坡在自贸区的经营与管理上采取的做法是将港务管理工作委托给更具效率与活力并且更能够顺应全球化趋势的企业来负责。新加坡政府一直非常看重与企业的合作，在设计"国家贸易平台"的过程中，新加坡政府非常欢迎当地企业、东南亚地区企业和全球企业在系统的设计、改进和持续评估方面的介入。而在自贸区运营方面，作为政府投资的利益相关者，新加坡自贸区的经营者与政府官员之间存在良好的工作关系，也拥有自我调节和自我纠错的动力。对于自贸区来说，新加坡政府不需要低效的、自上而下的微观管理，而能够通过良好的技术能力和数据获取能力，监控自贸区经营者的运营情况，从而有选择地对它们进行分析和筛选。经营者被随机审计，一旦出现违规行为，就会被处以高额罚款。这套制度遵循"知情服从"原则，各方必须"尽职尽责"地遵守法律。同时，新加坡高度透明的数据和优秀的数据分析能力几乎清除了与政府相关的腐败和权力"寻租"行为，因此这套制度内部也不会出现腐败。

5. 对中国自贸区的借鉴作用

新加坡在其国家贸易平台上取得的成功，很大程度上是因为它遵守数据隐私和安全规则，这种做法让世界一流公司对新加坡产生了很高的信心，使新加坡的自贸区非常具有吸引力。中国自贸区在这方面需要向新加坡学习。中国自贸区应该搭建业务、数据和贸易平台，向入驻自贸区的商户提供高效服务；在制定自贸区规则和标准时，应确保良好稳定的趋势和框架，引导商户确立未来的工作方向；自贸区还应当创造机会加强区内企业间的联系，帮助商户聚集起来分享经验和灵感。

（四）迪拜：外资可100%控股，资金汇出自由

阿拉伯联合酋长国（阿联酋）是中东乃至全球经济最有活力的国家之一。迪拜作为阿联酋乃至海湾地区的贸易、航运、金融、物流和科技中心，近年来越来越受到世人瞩目。在迪拜经济多元化战略中，有一项开创性的重要举措，为实现经济转型提供了强劲动力，这就是成立自贸区。截至2017年底，阿联酋共有45个各种类型的自贸区（包括在建的10个），其中30多个在迪拜。

迪拜自贸区的产生缘起于海湾阿拉伯国家普遍实施的"保人"制度。外国投资人要在这些国家做生意，都必须和当地人合伙设立公司，这个合伙人也就是通常所说的"保人"。设立公司的费用全部由外国投资人承担，但是当地"保人"至少占公司51%的股份。随着时代发展，外来投资者对于"保人"制度越来越不满，这一制度变成吸引外资的障碍。在此背景下，自贸区的概念应运而生，即各酋长国在境内划定一块区域作为自贸区，外来投资人可享受100%控股，但其货物和服务只能在区内流转，不能进入酋长国本土市场。1985年，迪拜政府设立了阿联酋第一个自由贸易港区——杰贝阿里自贸区。迪拜自贸区相对传统"保人"制度的核心优势是外资企业可以100%控股，这是自贸区企业与阿联酋本地企业最大的区别。

1. 丰富的激励政策

迪拜自贸区的激励政策包括：资本与利润可自由汇出，不受任何限制，这可以充分保障外来投资者在资金方面的安全与自由；自贸区内企业可享受免收企业税（有时间限制）、个人所得税、进出口关税的优惠；厂房设备长期租用，一些自贸区可与投资人签订最长25年的租用合同，可

以有效保障投资人的经营稳定性；无最低工资标准和雇用本地员工要求，这使自贸区内的企业能进一步降低劳工成本，可以在对外贸易中获取更大的竞争优势；从设立到运营的"一站式"综合服务，这使投资人可在自贸区内以更快的速度完成所有手续。此外，一些自贸区为吸引投资人，还引入办理驾照等专门服务机构，进一步方便入驻企业。

2. 对中国自贸区的借鉴

迪拜多种商品交易中心连续 3 年被英国《金融时报》旗下的《外国直接投资》杂志评为"年度全球最佳自贸区"。该中心执行董事克丽丝塔·福克斯在接受采访时表示，迪拜自贸区具有多样性，有些专注于某些特定领域，比如教育、传媒、科技，而多种商品交易中心是一个综合性自贸区，"平台、标准和沟通"这三个关键词是值得中国等自贸区借鉴的地方。

七、本章小结

自由贸易港是浙江省在 2013 年《浙江舟山群岛新区发展规划》中率先提出的。接下来，浙江自由贸易区该如何做才能争取早日获批自由贸易港？自由贸易的目标是什么？发展自由贸易究竟能为相关国家和整个世界带来什么？我们下一步开放的领域、方向和途径又是什么？本课题通过研究自由贸易的相关理论以及国内外自由贸易的发展历程和现状，从理论层面解答了这些问题，为本研究院的其他相关研究提供了理论支持。

本章参考文献

［1］Hamada. An economic analysis of the Duty – free Zone［J］. Journal of International Economics，1974（4）.

［2］Hamilton C，Svensson Lars E O. On the Welfare Effects of a Duty –

free Zone［J］. Journal of International Economics，1982（13）.

［3］Kaz M. The Location Choice for Free – trade Zones：Rural Versus Urban Options［J］. Journal of Development Economics，1993，40（1）.

［4］Giovanni F. Gerald Willmann. The Gains From Duty Free Zones［J］. Journal of International Economics，1999（49）.

［5］Rhee. Free Trade Zones in Export Strategies［R］. The World Bank Industry and Energy Dpartment，PRE，1990.

［6］DaPonte. The Foreign Trade Zones Act：Keeping up with the Changing Times［J］. Business American，1997（12）.

［7］Robert J McCalla. The Geographical Spread of Free Zones Associated with Ports［J］. Geoforum，1990，21（1）.

［8］Seyoum R. Foreign Trade Zones in the United States：A Study with Special Emphasis on the Proposal for Trade Agreement Parity［J］. Journal of Economic Studies，2012，39（1）.

［9］Mathur L K，Mathur I. The Effectiveness of the Foreign – trade Zone as an Export Promotion Program：Policy Issues and Alternatives［J］. Journal of Macromarketing，1997（17）.

［10］郭信昌 . 世界自由港和自由贸易区概论［M］. 北京：北京航空学院出版社，1987.

［11］张淳，林峰 . 世界自由经济区的发展态势及其经验的借鉴［J］. 社会科学，1990（8）.

［12］李琳 . 自由贸易区的功能定位及区位分析——兼及国外自由贸易与我国保税区之比较分析［J］. 新疆社科论坛，2004（3）.

［13］李志鹏 . 中国建设自由贸易园区内涵和发展模式探索［J］. 国际贸易，2013（7）.

［14］张化，郭子眷 . 上海海自贸区［J］. 金融与经济，2013（12）.

［15］殷为华，杨荣，杨慧 . 美国自由贸易区的实践特点透析及借鉴［J］. 世界地理研究，2016（2）.

［16］自由贸易理论［EB/OL］. 互动百科, http：//www. hudong. com.

［17］袁丁. 南沙新区欲建成自由港［J］. 珠江水运, 2011（11）.

［18］王小会. 中国外商投资准入制度的改革［J］. 智库时代, 2019（5）.

［19］沈铭辉. 美国双边投资协定与 TPP 投资条款的比较分析——兼论对中美 BIT 谈判的借鉴［J］. 国际经济合作, 2014（03）.

［20］罗霞. 国家赋予海南 30 项特殊政策措施［N］. 海南日报, 2018 - 10 - 30.

［21］杨艺华, 张富明. 我省构建服务贸易对外开放新格局［N］. 海南日报, 2018 - 01 - 23.

［22］姚洪心, 赵悦. 上海自贸区与美国自贸区贸易便利化水平的比较研究［J］. 中国商论, 2016（4）.

［23］周阳. 美国对外贸易区制度及对我国保税港区的启示［J］. 水运管理, 2009（2）.

［24］张欢, 李滨彬, 李晓渝, 苏小坡. 全球三大自由贸易港为海南提供经验［J］. 中国外资, 2018（9）.

第二章　自贸区背景下加快舟山航空产业园与航空产业发展的对策研究[*]

航空产业是技术、人才、资本密集程度最高，上下游关联产业带动面最广和产品附加值最高的产业，能引领新型材料、现代制造、先进动力、电子信息、自动控制等领域关键技术的群体突破，通过发展航空产业，将形成产业与城市互为带动、共同发展，对科学技术和国民经济的发展具有巨大的带动作用。航空产业的发展已经不单纯取决于技术，经济模式也成为关键性因素。因此，对航空产业区域发展模式的研究对于航空产业乃至国民经济的发展都具有理论与现实意义。

2018 年 6 月，舟山市政策研究室委托浙江海洋大学开展"舟山航空产业发展的探索与实践"课题研究。课题组先后走访了天津保税区、天津空港经济区、天津自由贸易试验区空壳运营中心、舟山航空产业园管委会、舟山市民用航空管理局等单位，与滨州学院机场学院、北京航空航天大学相关专家进行了探讨交流，在多方调查了解和分析研究的基础上，形成了本调研报告。

---

* 课题负责人：叶芳。

一、建设航空产业园与发展航空产业的重大意义

（一）发展航空产业是落实国家战略的现实需要

舟山市是国家级新区、自贸区，又是国家绿色石化基地、江海联运服务中心，发展航空产业是舟山市服务多重国家战略的重要体现。舟山市只有着力发展包括通用航空在内的综合交通体系，才能更好地承担起贯通东西南北、联系世界的重任。通用航空研制处于制造业的顶端，目前高端的公务机均为国外垄断，不打破这种局面，国家就无法实现中高端发展，通用航空快捷、简便、用途广泛，具有独特的交通优势，缺失通用航空，就难以建成交通强国。舟山市承接多个国家战略，应该有能力和勇气挑起这一历史重担，必须抓住难得的战略机遇，着力发展通用航空，推进通航基地建设。

（二）发展航空产业是产业转型升级的客观需要

实现"四个舟山"、建功"五大会战"是舟山市"十三五"期间的重要目标，实现这一目标，必须加快产业转型升级，全面提高城市综合竞争力。航空产业发展对舟山市的经济建设意义极其重大，不仅可以促增长调结构，而且可以吸纳更多的社会资本和民间资本，为它们提供更多新的投资空间。通用航空制造业产业链长，对经济的带动作用必然就大，特别是对机械、材料、电子、精密仪器，都有直接的拉动作用。根据国际经验，航空项目发展 10 年后给当地带来的效益，投入产出比达 1∶80。更为重要的是，通用航空制造业科技含量高，高度集成了大量尖端科技。这一产业的快速发展将为相关领域的科技创新提供广阔的空间。舟山市凭借通用航

空产业，加上航空产业园区软硬环境的建设逐步完善，必将吸引更多的上下游产业进入产业园区，一旦形成产业链，完全有可能造就新的千百亿元产业，成为舟山市新的经济增长极。

（三）发展航空产业是舟山开放拓展新空间的紧迫需要

航空产业具有全球化分布的特征，全球的航空制造业里，客机制造商普遍采取"主制造商＋供应商"的运作模式，即主机厂负责设计，供应商按图加工，主机厂再组装整机，没有任何一款有竞争力的大型客机是一个企业完全"单打独斗"完成的，波音、空客等整机制造商逐步将重点放在关键技术研究、飞机设计、总装试飞和销售服务等核心能力建设，而将大量部件和零件生产转移到全球供应商分包。波音民机作为航空制造业的跨国巨头，其在全球上百个国家和地区拥有超过5400家供应商，约50万人为其配套服务。加快发展航空产业，有助于提高舟山市引入国际性航空制造和服务企业，增强舟山市与世界各国的经济联系和合作交流，提高产业开放度和城市国际化水平，有助于舟山市从自由贸易试验区向自由贸易港升级。

（四）发展航空产业是舟山市高质量发展的迫切需要

当前全市上下正努力实现高质量发展。航空产业是高质量经济的体现和集成。据预测，未来中国航空产业将呈现快速发展态势，2014～2023年，中国国内民航市场的客流量年均增速达8.3%，在未来10年将取代美国成为全球最大的国内市场。对干线客机及支线客机的需求量逐步上升，国产飞机的市场占有率将逐步达5%以上，支线飞机和通用飞机国内市场占有率将大幅度提高。与此同时，随着我国低空空域的开放，制约通用航空发展的政策"瓶颈"逐步突破，通用航空将进入黄金发展阶段。舟山市应依托波音飞机交付完工项目，把握市场与政策双重机遇，以飞机零部件制造和通用航空服务为主要突破点，采取"嵌入式发展＋集群化成长"的发展方式，通过完善航空产业配套政策、提高要素保障能力、健全航空基础设施、培育通航服务体系，将舟山市打造为国际性的航空产业基地。

二、舟山市航空产业发展的主要成就与现状分析

（一）舟山市发展航空产业的主要成就

1. 民用航空产业发展取得较大发展

2017 年，舟山市普陀山机场年旅客吞吐量突破 100 万人次，同比增长 25% 以上，连续第 3 年保持近 20% 的增长速度，年均增速超过同期国内全民航平均增速 50% 以上，增速位居省内 7 个机场前列。而在进入 21 世纪的前 3 年，旅客吞吐量不到 18 万人次，起降架次和货邮吞吐量（含行李）分别在 2000 次和 2000 吨以内；进入 21 世纪，3 项生产指标有了明显的跃升，其中旅客运输量由 2000 年的 18.3 万人次到 2017 年的 102.3 万人次，增长 5.6 倍。机场营业收入持续攀升，特别是近 5 年增长势头迅猛，2018 年 1~7 月营业额达 2777 万元，预计全年可超过 5000 万元。

2. 通用航空产业规模不断扩大

通用航空集聚效应进一步显现，现已形成以中信海直、中航工业、中船工业等"中字头"企业为龙头的通用航空企业群，19 架通用航空飞行器常年驻场，分别开展海洋监测、公务巡视、空中观光、飞行驾培、岛际交通等多种业务。当前，以海洋电子信息产业为代表的海洋战略性新兴产业发展势头迅猛，形成了以车船仪器仪表、软件和信息服务业为主的海洋特色产品，为航空机载设备、航空电子信息产业提供了有力支撑。

3. 航空产业迎来新的发展机遇

2016 年 10 月 28 日，波音 737 完工和交付中心落户舟山市。2017 年 4 月，舟山航空产业园由浙江省政府批准设立，实行省级经济开发区政策，在全市范围内以"一园两区"的方式协同布局。近一年来，舟山港综保区

空港分区设立、试飞空域规划、机场口岸开放三大运营条件已经具备，航空产业发展初见模型。2018 年 12 月 15 日，波音与中国商飞在舟山市共同设立的 737 完工和交付中心交付首架飞机；12 月 17 日，浙江省首单飞机保税租赁业务顺利落地。舟山市航空产业进入新的历史阶段。

（二）舟山市发展航空产业与建设航空产业园的优劣势

1. 区位优势明显

舟山市是长江流域和长江三角洲对外开放的海上门户和通道，目前拥有东极、嵊泗列岛上空共计 2000 平方千米的报告空域，是长三角地区面积最大的试点开放低空空域，具备开展通用航空的要素条件，如空域、机场、起降点等基础设施，具备开通通用航空作业飞行、航空旅游、飞行培训、试飞等活动的条件。近年来，舟山市充分利用新区良好的区位优势、低空改革试点优势和机场保障条件，积极推进通用航空产业发展，通用航空产业集聚效应逐步显现。此外，普陀山机场为 4D 级民用机场，跑道长度 2500 米，机场配套设施一应俱全，能满足波音 757 以下的机型起降，机场流量富余。发达的海运交通也有助于航空原材料、零部件、大部件运输，开展空港物流、保税加工等产业。

2. 腹地产业配套健全

当前，长三角地区已成为国内最具活力的高端装备制造业生产基地。在航空航天领域，已集聚中国商飞、航天科技集团、中国航空工业雷电院、测控所、机电公司等多个专业企业及研究机构，崛起了一批航空骨干园区，配套有大批技术实力强、盈利能力高的中小型企业，航空配套制造产业能力突出，已成为国内航空航天产业发展格局中的重要区域。以浙江省为例，从事航空制造相关企业近 30 家，形成一定规模的有 18 家，涉及特种飞行器、航空零部件、航空材料、航空内饰等领域，年产值约 20 亿元。

3. 旅游业发展迅速

2017 年，舟山市接待国内外游客共 5507.2 万人次，比上年增长 19.4%，全年实现旅游总收入 806.7 亿元，比上年增长 21.9%，旅游业已经成为舟山市重要的支柱产业。旅游业的快速发展能够为航空运输业的快速增长贡献客源市场，催生航空运输业的发展，近年来异军突起的低成本航空，很大程度上就是旅游业发展催生的产品。经济高速发展的长三角地区人民生活水平大幅提高，消费能力日益增长，航空旅游相关的配套产品能满足民众对旅游体验的更高要求，同时也将对舟山市旅游经济起到极大的促进作用。

4. 政策调整增添机遇

航空产业是《中国制造2025》国家战略性新兴产业之一。近年来，中央出台多项产业政策，支持航空产业成为经济发展的新动力。浙江省近年来正在抓紧夯实航空产业的基础，培育航空产业的优势。浙江省各级政府大力扶持航空产业发展，民营企业热情高涨，浙江省加快发展航空产业的内外部条件已形成，正积极以产业作为突破口切入。2017年3月，浙江省出台《浙江省航空产业"十三五"发展规划》，明确提出，到2020年，全省将初步形成航空制造与航空服务相联动的产业格局，形成年交付大飞机100架，年产通用飞机500架、大中型无人机1000架以上的能力，实现航空制造业产值达到1000亿元，通航运营服务业营业收入突破100亿元。

然而，舟山市发展航空产业自身也存在一定困难。一是科研薄弱及人才短缺。舟山市本身的科研力量相对薄弱，高层次航空技术人才的储备不足，特别缺乏国家级大型研究院所的支撑，而舟山市没有航空类院校，航空人才的数量和市场需求差距很大。二是高端制造产业基础薄弱。舟山市的产业仍以船舶修造、水产品加工、海洋交通运输等传统产业为主，新兴产业发展相对滞后，技术资金密集型产业相对薄弱，高新技术产业和以知识为基础的服务业增加值占GDP比重较低，缺乏高端制造业的产业基础。三是机场运输能力有限。机场规模小、航班数量少、密度低导致航线收益率低，航空公司出于利益考虑则会将主要运力投放于大型枢纽机场，从而导致枢纽机场航班时刻紧张，接近最大饱和容量，而处于过渡层的普陀山机场则客源较为单一。四是土地资源短缺。舟山市由众多岛屿组成，由于岛上多山，为了保证生活用地，大量工业用地需要开山和围填海来解决，不但增加成本，还容易对生态平衡造成破坏，所以土地资源紧缺一直是制约舟山市经济社会发展的"瓶颈"，也成为航空产业发展的困境。

（三）舟山市航空产业发展的市场分析

当前，国际航空产业正处在大分工、世界大布局当中，我国航空产业也处于大发展、发展布局之中，国际国内航空产业的发展给舟山市航空的供给市场、需求市场和运输市场带来重大的机遇和挑战。

（1）从供给市场来看，舟山市波音交付中心的投产，将大大降低中国市场甚至亚太市场的购买成本，特别是后续随着相应航空产业的不断完善，波音在中国市场的客机营销体系的逐步建设会降低产业链各环节，如零部件采购供应、系统集成商选择、售前驾驶员的培训、售后维修、营销战略和渠道、广告促销策划等方面的成本，增强自身竞争力。

（2）从需求市场来看，我国大中型客机需求度不旺，需要引入新的飞机特别是中小型客机，用于满足各类消费者的需求。这部分市场是舟山波音737MAX飞机交付中心可以争取的市场，但是并不作为初期主要的市场。发展中国家和地区的低成本航空主要集中于亚太地区，这部分国家的民用航空增长迅猛，这部分市场是舟山波音交付中心客机在进入市场之初需要重点关注的市场。

（3）从运输市场来看，未来5年，舟山航空客运市场将保持现有势头，基本保持在百万人以上吞吐量。与此同时，舟山市应该加强货物运输业的发展，提振舟山航空货运业的发展。

三、国内外航空产业园与航空产业发展启示

（一）国外航空产业园发展现状分析

1. 美国通用航空的发展现状

美国是世界上通用航空发达国家，也是通用航空大国，美国通用航空

的现状和发展趋势代表着世界通用航空发展的趋势。目前，全世界大约有通用航空飞机 34 万架，其中美国大约占 23%，达 22 万架。在美国，有供通用航空器使用的机场、直升机起降机场 17500 个，然而供航空公司航班起降的机场仅有 500 个。在美国大约有 25 万架飞机由个人驾驶进行商业飞行，约有 10 万架飞机由私人使用；有 1.5 万多家公司拥有自己的通用航空飞机，进行公务飞行。

目前，世界上有 10 多家著名的飞机制造商在研究为满足"小飞机运输系统"计划要求的小飞机。这类新研制的轻型小飞机具有如下特征：飞机为 4~6 座，航程为 241~1609 千米，且具有新技术、新工艺，具有防坠毁机身、安全设施、单或双发动机、新一代导航和气象电子系统，可以全天候飞行，能达到自动驾驶。

2. **法德航空工业发展现状**

在第一次和第二次世界大战之间，法国在图卢兹组建了航空工业。法国的航空航天工业在欧洲排名第一，航空部门雇用员工 2000 人，航天部门雇用员工 6000 人，这两个部门在经济和工艺方面占优势，其出口占营业额的 40%。20 世纪 70 年代，民用飞机制造商空中客车公司将总部落户图卢兹。目前，航空工业成为这座城市最发达的产业，每年创造着巨大财富。由于空客每年生产的产品 50% 用于出口，所以，航天航空工业在图卢兹甚至整个法国的外贸创汇中都位居第一。

德国汉堡是继美国西雅图、法国图卢兹之后的世界第三大民用飞机制造中心。汉堡有空客飞机总装厂，并负责世界范围空客机队的备品备件供应。大型宽体双层飞机 A380 型的机身、垂直尾翼、着陆减速板、整机喷漆和总装前交货及内部电子系统配置均在汉堡完成。汉堡还有除美国以外世界最大的民用飞机维修中心——汉莎技术股份公司以及 300 多家与航空航天业有关的中小企业，航空航天业产值在汉堡工业总产值中占有较大的比重。

3. **新加坡实里达航空工业园发展现状**

新加坡政府于 2006 年 5 月 10 日宣布，将在该国北部的实里达兴建面积为 140 公顷的航空工业园，以进一步加强新加坡的航空业。这些年来，虽然机场一再转移，但是，实里达机场一直是私人与普通航空业者以及飞机维修业者的一个营业基地，同时也是一个飞行训练中心。

2007 年 11 月，世界主要飞机引擎制造商劳斯莱斯（Rolls royce）在实里达航空园设立亚洲第一个大型飞机使用的引擎装配厂，生产分别供波音 787 "梦幻客机" 和空客 A350XWB 宽体商用飞机使用的引擎，分别为 Trent 1000 引擎和 Trent XWB 引擎。2009 年 7 月 29 日，劳斯莱斯宣布将在中国实里达航空园添设一家宽弦风扇叶片工厂，显示了实里达航空园在培育宇航业新机会的吸引力，以及整个供应链的各种活动聚集并结合所能产生的协同效益。

（二）国内主要航空产业园发展经验借鉴

2003 年 6 月，我国开始建设第一个通用航空产业园——山东大高通用航空城；2008 年 2 月 29 日，国家发展改革委一次性地批准成都、哈尔滨、安顺、沈阳 4 个民用航空产业高技术产业基地和重点发展民用航空航天等产业的北京、上海、天津、深圳等 6 个综合性国家技术产业基地。自 2011 年起，通用航空产业园的数量快速增长，特别是近两年，新建或计划建设的通用航空产业园由之前的 21 个迅速增加到 116 个。

从我国航空产业发展现状分析和国内主要航空产业园发展情况来看，有以下可资借鉴的经验。

1. 依托原有的航空装备科研生产体系和装备制造生产能力以及已具备的航空产业基础发展民用航空产业

例如，民用航空产业是哈尔滨市 60 年来培育出的在全国有较强竞争力的优势产业。该市在国内率先开展适航性设计、制造和审定工作，具有较为丰富的通用飞机和直升机适航取证经验。运 12 型飞机是我国较早取得多国适航证的飞机，目前该市已形成以直九系列直升机、运 12 系列通用飞机等，以及航空发动机、直升机传动系统和部件为主的航空系列产品，是飞机发动机、直升机传动系统的研制生产基地；同时该市拥有航空复合材料产品生产基地、国家树脂基复合材料工程技术研究中心和铝镁合金加工基地；哈尔滨航空企事业单位与俄罗斯航空企事业单位始终保持着合作关系。西安阎良、沈阳、哈尔滨、安顺和成都等都具备这样的基础。

2. 依托航空科研机构和技术力量发展民用航空产业

例如，沈阳市拥有各类科研机构 374 个、包括航空科研院所、设计研究所、飞机发动机研究所、空气动力研究所等国家重点研究院所。此外，沈阳市还拥有 5 个国家级航空重点实验室和 5 个省级航空重点实验室，是我国大型航空发动机生产基地，拥有国内最先进的机身及零部件生产加工和技术中心。安顺市拥有一大批国家级和省级技术中心、工程中心、成果转化基地以及研究开发机构，研发产品 90% 以上的检测，试验工作可在基地内完成；在通用飞机、无人机研制上取得了较好的成绩，研制生产的产品涉及航天、电子、船舶、民用航空及航空营运等领域。

3. 航空产业基地的建设具有大项目、大龙头企业带动，发展格局国际化趋势凸显

例如，天津中国民航科技产业化基地有天津空中客车、中航业集团西飞国际、中航工业集团直升机公司总部、长江租赁有限公司、工银租赁等；沈阳民用航空产业国家高技术产业基地有庞巴迪 C 系列飞机、AR2 飞机发动机总装支线飞机、公务机、通用飞机总装、飞机维修等。随着我国航空产业越来越多地融入世界航空产业体系中，全球著名的大飞机制造商、公务机生产商、飞机发动机制造商及零配件配套和复合材料厂商除波音、空中客车外还有庞巴迪宇航集团、孟菲斯集团、通用电气、港机、巴西航空公司、霍尼韦尔、新科宇航有限公司、公务机（RD）有限公司等都已进入我国航空产业市场，航空产业市场的国内竞争已逐渐演变为国际化竞争。

4. 国家、省、市、区（镇）高度重视，把发展航空产业作为产业升级和产业结构调整的重要发展战略

例如，国家发改委相继批复成立了西安、沈阳、哈尔滨、安顺、成都、天津和南昌等国家级航空产业园。辽宁省与沈阳市将民用航空业确定

为辽宁省五大重点产业，积极推进沈阳民用航空产业园建设，发展目标是将沈阳北部建成民用航空研发基地、市区核心区域建成民用航空服务基地、南部形成民用航空整机制造、维修基地，成为"三位一体"的民用航空产业基地。长株潭国家航空航天高技术产业基地——长沙航空工业园、株洲航空高技术产业基地组成以省委、省政府主要领导牵头的株洲民用航空航天高技术产业基地领导小组。同时，湖南省政府成立相应的职权机构，保障机构运营。

5. 尝试打造一流航空产业集群，航空产业园之间的竞争日趋激烈

国内许多航空产业园以推动航空产业实现产业集中、产业聚集、产业集群为发展理念，超前谋划、科学布局，充分利用产业链招商，增强产业聚集，全力谋划和推动整机制造、转包生产、零部件加工、机载系统、航空新材料、维修改装培训、航空主题旅游等特色产业，在短时间内实现航空资源的重新整合，有目的地吸引配套产业及上下游产业，延伸产业链条。例如，西安阎良基地一批重大项目在航空基地开花结果，新舟60、新舟600和新舟700飞机在航空基地实现了系列化产业化发展。随着空客A320项目开工建设、长江租赁有限公司迁址天津以及工银租赁、民生租赁、大新华快运、银河航空（中韩合资）等知名企业在津落户，天津航空产业基地已经逐渐形成以航空制造业为核心，以航空租赁业和航空运输业为主干，涉及航空研发、航空制造、航空物流以及航空金融等多个行业为一体的较为完整的航空产业链。

6. 以主动承接国际航空转移和为航空产业龙头项目配套为发展的基础，航空配套产业、零部件产业与整机制造、组装具有同步发展的趋势

例如，西安阎良航空产业基地积极承接世界航空产业转移，对外合作能力逐渐增强，转包生产业务量大幅增长，对区域经济增长贡献逐步增强。2018年1～6月，航空基地完成生产总值16.8亿元，可比价增速18.8%；完成规模以上工业增加值5.85亿元，可比价增速为17.5%；完成全社会固定资产投资同比增长27.3%；工业投资同比增长17.7%。中国昆山航空产业园是把航空产业龙头项目配套作为发展航空产业的基础的

典型案例，江苏并不是我国航空工业力量强大的省份，昆山更没有航空工业的基础。昆山航空产业园其实就是为上海大飞机项目配套服务的，园区主要吸引一批民营企业在这里为上海飞机工业做零部件加工。类似的还有镇江新区航空工业园、长三角航空科技产业园等。

7. 推动通用航空产业的发展成为许多地区关注的焦点

无论是舆论环境还是政策环境，都为推动通用航空产业的发展奠定了基础，人们普遍预期，中国通用航空产业的发展正酝酿一场革命性的变化。在这样背景下，许多航空产业园都看准这一发展趋势和巨大的市场潜力，把发展通用航空作为发展航空产业的切入点。西安航空基地通用航空产业园成为中国民航唯一的通用航空产业园区试点区域；沈阳民用航空产业国家高技术产业基地已经成为支线飞机、公务机、通用飞机总装基地，飞机大部件转包基地，飞机维修基地；成都民用航空高技术产业基地的发展重点之一是通用飞机和直升机制造；长株潭国家航空航天高技术产业基地努力打造中国中部地区公务机和紧急救援直升机生产基地；南昌航空工业城是集航空产业产品及相关产业研发与制造、航空通用运营与服务、航空博览、旅游、教育、运动娱乐以及住宅小区建设为一体的现代化综合城区；滨州大高通用航空城主要瞄准中国日益开放的通用航空市场，以飞行员培训、飞行器组装与维修、生态观光旅游、公务机商务机托管、航空航天会展、农业救灾等为主营业务。

8. 航空产业园的主要发展模式、管理体制、机制各具特色

国内政府管理型航空产业园主要特征是由政府统一规划、建设、管理和经营，如西安阎良国家航空高技术产业基地、沈阳民用航空产业国家高技术产业基地等；企业管理型的，采用由各方组成的董事会领导下经济负责的企业管理体制，如厦门航空工业有限公司负责航空工业区用地的整体规划、设计及开发建设、招商引资等；也有在发展过程中逐步形成的产业园区与行政区合一管理模式，如上海民用航空产业配套基地。为解决各区之间各自为政和严格的行政区划限制的问题，滨海新区工委书记、管委会主任兼任塘沽区委书记、航空产业园管委会主任对天津中国民航科技产业

化基地的快速发展起了重要的推动作用。

9. 促进了地区经济的飞速发展

无锡空港产业园区于 2014 年完成地区生产总值 132.5 亿元，比上年增长 13.2%。规模以上工业总产值 202.6 亿元。服务业收入 340 亿元，比上年增长 23.6%，占技工贸总收入比重 56.7%，连续 3 年占比提高 4% 以上。园区排名前 150 位工业企业上缴税金总额 12.3 亿元，比上年增长 14.6%；实现利润 6.6 亿元，比上年增长 18.3%。天津保税区 2016 年实现航空工业产值 700 多亿元，航空服务业产值近 200 亿元。

10. 国内各主要航空产业园发展各有优劣

天津航空产业园成立之初就得到国家和民航总局的支持，发展较快。目前，天津已有 9 个大的航空项目布局在滨海新区，其中除了空客 A320 系列飞机天津总装线外，还包括直升机产业基地项目、特种飞行器生产基地项目、机翼组装生产项目等；厦门航空工业区定位于航空维修，主业突出，运行良好，但受制于土地资源和原有业务限制；西安阎良航空产业基地从航空产业的布局上看较为散乱，航空企业分散在西安的西郊、北郊、高新区和阎良区，与当地经济融合也不紧密。此外，各航空产业园区带有一些共性的问题是管理体制机制不灵活、产业规模较小、重点不够突出、布局不够合理、基地基础配套薄弱、研发投入不足、创新能力较弱、人才技术力量缺乏等，这些都严重制约了航空产业的快速发展。

（三）对舟山航空产业园和航空产业建设发展的借鉴意义

通过对国内国际航空产业园及航空产业发展现状及其特征分析不难看出国内航空产业发展的基本趋势。这些趋势对正在起步发展的舟山航空产业、形成产业集聚、建立良好的产业发展环境具有重要的借鉴意义。基于国内外航空产业发展现状分析，对舟山航空产业园的启示得出以下五点结论：一是国家和省级政府的支持是航空产业园建设与发展的前提；二是国际合作是航空产业园发展的基本途径；三是高起点的核心项目是产业园可持续发展的动力；四是形成产业规模是产业园成功的关键；五是搞好初期规划是产业园长期发展的保证。

除了以上五点，笔者认为，基于产业发展的相关理论，从国内国际航空产业园及航空产业发展特征来看，还有以下四点对舟山有借鉴意义。

1. 确立科学规划产业布局，培育产业集群至关重要

从西安、沈阳、哈尔滨、安顺和成都航空产业基地发展的基础特征来看，这些基地依托原有的较为完整的航空装备科研生产体系和装备制造生产能力、已具备的航空产业基础和与发展航空产业相关的航空科研院所和技术力量，以及分散在一定区域内的军工、民用航空企业资源的迅速聚集来发展民用航空产业。舟山航空产业园建设的起步基础较之不足。但是以迈克尔·波特教授的产业集群理论：产业集群与产业园区存在内在的互动关系，园区的科学规划建设和良好环境的构建可以为形成产业集群提供极为有利的平台，而园区利用产业集群的机理来建设和发展就会形成持续的竞争优势。因此，舟山航空产业园要实现飞速发展，就应该利用这一机理，在科学规划产业布局的基础上，通过政府的推动来培育航空产业集群。

2. 着力推动通用航空的发展，勇立航空工业第四次工业革命浪潮的潮头

从国外航空工业发展的趋势来看，"小飞机运输系统"作为航空工业第四次革命的时期已经到来，美国已经把发展通用航空运输作为新的民航运输发展战略。据波音公司 2018 年针对中国市场的最新《当前市场展望》报告指出，未来 20 年中国将需要 7240 架新飞机，总价值达 1.1 万亿美元，其市场前景十分广阔。按照经济学家弗朗索瓦·佩鲁提出的增长极理论，推动性产业能够导致两种增长效应——极化效应和扩散效应。美国西雅图、法国图卢兹、德国汉堡、新加坡实里达是增长极理论实践的最好案例。舟山航空产业园以波音飞机的组装、试飞为进军航空产业的切入点，顺应国内外航空工业发展的趋势。应坚定地把发展通用航空作为舟山航空产业发展的特色产业，勇立世界航空工业的第四次革命浪潮的潮头，以期通过推动这一领域的发展，诱使周围地区产业的集聚增长，进而实现舟山

产业结构升级的革命性变化。

3. 形成航空产业链和机场产业链融合发展效应，应成为舟山航空产业园核心竞争力之一

从北京顺义航空港产业园、天津临空产业区、无锡空港产业园区等的发展特征来看，充分发挥和利用航空港资源优势，大力发展"临空经济"或"空港经济"，可以促进区域经济结构战略性调整，以机场为核心向周边辐射的"临空产业"呈现出强大的发展动力。按照卡萨达教授提出的第五波理论：航空运输是继海运、天然运河、铁路和公路运输之后对区域经济发展的第五冲击波。最突出的表现是，与现代经济快速发展相适应的大型机场，突破单一运输功能，通过与多种产业有机结合，形成颇具带动力和辐射力的"临空经济区"，成为地区经济增长的"发动机"。舟山拥有发展民用航空产业需要的机场、空域、港口、政策等有利条件，波音项目已落户舟山，舟山发展航空产业有着国内其他航空产业园区无法比拟的战略制高点。因此，构建航空产业链和机场产业链融合发展机制，应成为舟山航空产业园核心竞争力的应有之义。

4. 园区的发展与城市化发展同步进入快车道，应是舟山航空产业发展重要路径

以国内苏州工业园、天津滨海新区的发展经验来看，"工业园区就是新城区"的发展模式已成为当前园区设计的主流。按照经济学家朗索瓦·皮鲁克斯的理论：城市像磁场一样，把生产要素聚集起来，降低企业的经济成本，为社会化大生产提供高效益空间，同时造就新的需求。良好的人文环境、生态环境、商务环境和完善的社会服务，是提升功能区竞争力、吸引力、招商层次和产业集聚的关键因素。城市化建设，使产业构成不断趋向合理、资源不断聚集、城市空间不断扩张，成为区域经济快速协调大发展的引擎。而在城市化建设的过程中，为了克服"有效需求不足"和"资本供给不足"的双重发展障碍，政府必须优先投资于社会环境，以给经济一次大的推动，从而推动整个国民经济的全面、均衡、快速发展（罗森斯坦·罗丹的大推动理论）。

四、舟山航空产业园与航空产业发展的对策与建议

（一）关于航空产业与地方经济协调发展的思考与对策

一个特定区域内航空产业与地方经济的相关产业和组织，在相互之间共性和互补性的基础上加强联系，航空产业发展助推地区产业结构升级，最终对地区经济增长做出重大贡献。这就需要构筑航空产业与地方经济协调发展机制。

1. 加大政策协同

做好顶层设计，统一协调各个地区的政策，实现产业之间的联系和协调。细化协同政策，在《关于加快舟山航空产业发展的若干意见》基础上，制定其他文件构成微观政策和落实主体：加强协同扶持，出台产业发展的中长期扶持政策规划，根据航空产业本身以及不同发展阶段和协同对象的特点，出台支持政策；制定差异政策，在发展航空产业时应制定差异化的协同政策，根据不同类型企业关注给予不同的扶持政策；加大创新支持，对航空产业科技创新的财政、金融和税收支持力度；重视本地企业，发挥本地企业具有天然的根植性作用。

2. 实现产业协同

实现航空产业和舟山已有产业匹配，尤其是与海洋产业集聚区的产业匹配和融合。航空产业的构成非常广泛，波音737完工和交付中心为核心的舟山航空产业园未来将在零部件制造、机载系统、航空租赁、航空培训等方面迎来大的发展，各功能区应加深航空产业经济的紧密联系，形成优势互补和资源共享的产业融合体系。

3. 强化机制协同

建立航空产业园和海洋产业集聚区、浙江自贸区等主要功能区领导联席会议制度以及工作协调机制，对重点产业、项目和区域合作进行定期沟通，实现重大决策和政策的无缝对接和协同；积极培养区域协同交易市场；建立跨行政界限的航空产业资源一体化大市场。建立多元利益共享机制，按照共建共享的原则，整合全市资源，共同引进国内外各类航空企业。

（二）关于打造航空产业集群的思考与对策

舟山内在的经济结构抗风险能力弱，面临全球市场萎缩的巨大冲击，推动舟山经济结构调整、产业结构升级，加快建立现代产业体系迫在眉睫。因此，我们必须在发挥市场对资源配置决定性作用的前提下，充分发挥政府在推动产业集群中的作用，以培育产业集群为发展方向，坚持科学发展、高质量发展，通过不断创新，促进产业集群发展和产业优化升级，使其成为舟山经济跨越式发展的新动力。

舟山航空产业的发展应在积极推进波音 737 完工与交付中心建设的同时，培育舟山自身发展特色，深化与中国商飞等机构的合作，引进一大批配套企业，促进有条件的企业在机载电子装备、机内外涂料、机内座椅、飞机轮胎等重点领域进行技术突破，形成结构合理的配套的企业集群。同时积极打造"3＋3"的航空产业体系，加快整机制造、零部件制造和附属制造三大方向，突出龙头企业的牵引作用、制造行业的基础作用，形成舟山航空装备制造产业结构，打造优势品牌；拓展科技研发、运营保障与现代服务三大方向，提升舟山新区的产业自主创新能力，培育航空文化底蕴。同时有针对性地做好招商工作，吸引国内外著名航空企业、各类金融机构参与舟山航空产业建设，搭建其与国内企业进行成熟产品生产或服务的合作平台，较好地推进舟山航空产业园建设。因此，加大力度引导通用航空产业在舟山的"根植"，对舟山航空产业集群的形成具有特别重要的意义和作用。

（三）关于招商引资与制度安排的建议

舟山航空产业基础薄弱，因此必须加大招商力度，在思路、政策方面做好招商制度创新。

1. 明确招商思路，实施产业链招商

立足舟山本地特点和优势，依托波音完工和交付中心，确立"龙头企业拉动，配套企业跟进，产业集群发展"的招商思路。大力开展产业链招商，围绕产业链条延伸，与产业内的优质企业开展合资合作，建设一批科技含量高、带动能力强的重点项目，形成产业发展集群效应，有效提高核心竞争力。

2. 完善招商政策，构建招商网络

优化传统招商工作模式和业务流程，优化招商部门管理理念，充分利用先进的信息化技术，构建全市统一的招商网络平台，加强招商部门对招商引资工作的统筹协调，提高招商引资工作的服务水平，拓宽招商部门信息来源的渠道，与不同层面、不同区域的投资机构沟通，建立合作机制，促进信息共享、资源共享。

3. 明确招商重点，区别制定招商策略

明确航空产业招商方向、目标地区或国家及目标企业，成立专门的招商机构，负责重点企业和重点项目的引进、服务、咨询以及公关等一系列工作，针对不同企业的特点，采取不同的引资策略，突出招商重点。通过定向招商、战略合作等方式，强力引进国外知名的、未在国内布局的优质航空企业，发挥企业核心技术优势与产业辐射带动效应，在舟山快速形成航空专业化发展核心能力。

（四）关于创新航空产业园管理体制的建议

产业园是一个地区吸引外部生产要素，促进自身经济发展而划出一定范围，并在其中实施特殊政策和管理手段的特定区域。在这种特定区域中科学设置管理体制是构建最活跃、最具潜力、最具吸引力产业园区的基

础。针对舟山航空产业园发展现状，我们提出以下几个对策建议。

1. 创新航空产业管理体制

航空产业园管理体制上可以选择准行政区或行政区与政府合署模式，即创新一个浙江自贸区、普陀区与航空产业园互融发展的管理体制，统筹解决产业园与行政区经济社会发展中出现的各类问题，突破产业园区的空间束缚，较好地促进产业园区和所在城区的共同协调发展。加强航空产业基地和保税区、自贸区的联动作业，形成以航空产业园为核心，朱家尖—普陀山、海洋产业集聚区、保税区等舟山航空经济体系，逐步形成航空制造业、物流、商贸、出口加工、金融、旅游、航空文化等综合功能延伸。此外，为扩大航空产业园的管理层次，有利于园区与综合部门的融合，建议提高航空产业园的行政级别，按副厅级干部配备。

2. 理顺行业管理体制

目前，舟山市航空产业行业管理机构有：航空产业发展领导小组、交通运输局、民航管理局、航空产业园管委会、舟山保税区空港分区、浙江自贸区普陀分区等，它们分属不同的部门，组织协调环节较多，效率低下，需要进一步理顺。

3. 制定《舟山航空产业园条例》

无论是采取准行政区型模式还是类似行政与政府合署模式，拓展航空产业的发展都要由政府主导，政府在产业发展过程中的作用举足轻重，因此，建议市委市政府根据航空产业园区发展的需要，尽快制定《舟山航空产业园条例》，确定园区的法律主体地位和管理体制下管委会的权利和义务和管理权限。与此同时，建议市委、市政府要求市级有关部门充分落实管理权限的有关决定。

（五）关于空港保税区资源整合的建议

综合保税区是我国目前开放层次最高、优惠政策最多、功能最齐全、手续最简化的特殊开放区域，对当地经济增长、产业结构优化、贸易发展、就业增加和收入提高等具有重要的推动作用。结合天津空港保税区的政策，对舟山市空港保税区发展，我们提出以下建议。

1. 明确综保区空港分区的定位

保税区未来的发展应以发展其规划目标为主要发展方向，确立其主要区域功能，同时带动货物加工、中转、销售、会展等相关产业环节共同发展，从而增加非主要业务收入，促进保税区总产值的提升。同时，需要及时与沿海地区一些发展势头较好的保税区、经济特区等特殊海关监管单位进行合作，以保税区空港分区为纽带，促进东南沿海和渤海地区海洋经济协同发展。依据实际发展要求，利用自身的优势，在不同阶段的不同方面对保税区各商品货物服务项目进行调整和升级，形成有保税区独特的竞争优势。

2. 稳步发展空港联动模式

根据舟山港综合保税区的发展目标，综保区将会逐渐成为一个国际性的大宗商品货物仓储、中转基地，同时向商品加工、零售等多方向发展。因此可以在完善综保区自身海运技术领域不断提高的同时，推动空港分区与本岛和衢山分区的空港联动，实现商品货物进出口的集中处理，解决企业分散申报不便的问题；带动整个舟山区域乃至长三角经济圈的空港联动运输发展，同时助推本岛和衢山分区成为国际性的大宗商品货物的仓储、中转基地。

3. 创新航空保税制度

根据保税区实际运行情况，尝试将非保税商品与保税商品一同进行集拼和分拨作业，落实海关监管的"仓储货物按状态分类"创新措施；推动企业更好地与国内外两大市场进行对接；同时引进并学习已经在上海自由贸易试验区实行的"简化统一进出境备案清单""保税展示交易"等创新制度，根据自身保税区发展需要合理调整、优化报关环节，提高企业进出口业务的福利，减少企业不必要的报关环节，加快整体物流速度，为企业节省成本，提升区内企业的竞争力；实施海关特殊监管区域外的"两头在外"航空维修业态实行保税监管。

4. 加大航空保税经济主体引进

从国际国内大飞机市场交易来看，目前各大航空公司直接掏钱出来买飞机的非常少，现主要采取租赁方式，通过金融机构购买飞机，再租给航空公司使用。根据目前最新的国家相关政策规定，开展飞机租赁业务必须在飞机实际进入海关特殊监管区域后，方可享受国家的税收优惠政策，而像空港分区这样兼具跑道资源和保税优惠政策的区域，全国屈指可数。空港分区要利用政策和硬件资源优势，致力于为产业链上下游企业提供专业化、国际化服务，全力打造与国际接轨的航空金融产业环境，充分利用进口保税、国内租赁、融资租赁出口等成熟的通用航空飞机租赁与销售业务模式，积极引进航空保税经济主体，深挖航空租赁这片新蓝海。

第三章 互利互补的"上海 + 浙江"自由贸易港体系构建*

我国正在全面推进自由贸易试验区建设，作为我国持续深化改革开放的重点举措。2018 年 4 月，中共中央、国务院发布《关于支持海南全面深化改革开放的指导意见》（中发〔2018〕12 号），明确以现有自由贸易试验区试点内容为主体，结合海南特点，建设中国（海南）自由贸易试验区，实施范围为海南岛全岛。至此，我国形成 4 批 12 个自由贸易试验区的建设格局。

自贸试验区的使命是什么？经过几十年的探索实践，我国在大多数货物贸易上基本实现了能开尽开和关税大幅降低的自由贸易发展目标。那么，下一步开放的领域、方向和途径是什么？对此，习近平总书记在党的十九大报告中提出"赋予自由贸易试验区更大改革自主权，探索建设自由贸易港"，这标志着中国将进入全面开放的"自由贸易港"新自贸时代。之后，上海曾经公布自贸港建设方案，核心举措是"三个不"，即"不报关、不完税、转口贸易不受限"。而一些主流媒体也曾公开报道，浙江最有可能成为下一个自由贸易港。应该说，浙江的自由贸易港建设方案也在第一时间启动谋划中。自贸试验区和自由港、自由贸易港有什么区别，值得研究。

当前，谋划自由贸易港建设首先需要厘清自由贸易港目标是解决哪个

---

* 课题负责人：殷文伟。

层面的问题，即国内问题还是国际问题。从公布的建设方案来看，现有12个自贸区重点是围绕"政府职能转变、管理模式创新、贸易和投资便利化"三大内容深化改革开放，基本形成"放、管、服"改革和产业制度创新两条主线，主要还是"放、管、服"改革。从这个角度来看，主要还是解决国内问题，国际问题涉及很少，或是间接回应国际问题。党的十九大报告全篇站在构建人类命运共同体的高度来谋篇布局，以全球治理、全球经济可持续发展的视野编制中国方案。报告中指出，"推动形成全面开放新格局"，其目标指向则是世界经济，而不仅仅是中国经济。开放的目的是"推动建设开放型世界经济"。因此，未来，中国自由贸易港的建设价值绝不仅仅是区域本身或者是促进中国经济可持续发展，更在于通过全面开放，为世界各国创造更广阔的市场和发展空间，为世界经济带来更多正面外溢效应。中国自由贸易港不仅是为了形成中国对外开放的新高地、新样板，更是为世界经济全球化和经济新格局提供新经验、新理论、新制度。这个高度是我们谋划、设计自由贸易港建设方案需要把持的基本要求。

其次，需要研究自由贸易港应该解决什么现实问题。过去20年，我国对外贸易的基本图景是原材料进口、成品出口、部分商品（主要是高价品和回收品）再进口。因此，产生了"中国买什么，什么就贵"的所谓"中国溢价"问题，也出现了中国制造的马桶盖、Tommy服装在国内买远比国外贵的怪象。实际上，这种现象在一些国家（尤其是发展中国家）是普遍存在的。如果前一问题还可用需求理论来解释，而后面揭示的一定是当前全球贸易不正常的现象。展望新经济、新未来，全球迫切需要新自由贸易，需要自由贸易新服务、新规则。因此，中国自由贸易港建设应紧紧围绕这一问题，以共享、共赢为目标来设计自由贸易新内容、新规则，构建自由贸易新环境。

基于上述问题的考量，在长三角区域内，为什么能够或需要同时存在上海和浙江两个自贸区，且都充满了向自由贸易港发展的原动力？一些研究发现和实践表明，上海和浙江两个自贸区可能产生同质竞争问题，那么这个问题如何妥善解决，进一步期待互补、联动发展，形成"改革＋开放""1＋1＞2"的联动效应，真正建成我国最高水平的开放地，成为我国自由贸易"雁阵"中的引领。为此，本课题将以在全球范围内确立"上海＋浙江"自由贸易港影响力为目标，研究构建方案，为政府决策提供参考。

一、自由贸易的实质——贸易及其实务的视角

（一）贸易问题研究的基本要素

当前，因自由贸易试验区成立自由贸易试验区研究院已经成为标配，一些自贸区更是拥有多家以自由贸易命名的研究院，比如上海有复旦大学上海自贸区综合研究院、上海海事大学中国（上海）自贸区供应链研究院等。自贸区对我国高校来讲是一个新生事物，从学科上来讲，涉及航运经济、海关监管、国际贸易等多个领域，关于自贸区研究的理论系统还非常缺乏，急需架构。

从国际贸易实务入手，我们发现关于贸易问题主要有贸易商品、贸易流程、贸易规则三要素。

1. 贸易商品要素

商品总体可以分为货物和服务两大类，因此贸易也包括货物贸易和服务贸易。在货物贸易方面，货物不同，贸易方式差异很大。根据贸易及物流、监管方式，货物可以分为如原油、铁矿石等大宗能源商品、大宗农产品和服装、生活用品三大类；从我国海关监管角度，又分为一般贸易、加工贸易、跨境电商贸易等。那么在研究制度创新时，就必须根据不同类别的商品区别对待。

根据上述分析可见，上海与浙江自贸试验区差异化发展与互补发展的

空间就很大。比如上海发展以服装、生活用品等一般消费品为主的货物贸易，而浙江发展大宗商品（含农产品）在内的贸易；上海以一般贸易为主，浙江以跨境电商为核心；上海自由贸易试验区以货物贸易为主，兼顾服务贸易，全面发展，而浙江重点发展服务贸易；大多数大宗商品都具有垄断特点或是国家管制，浙江自贸试验区应选择市场属性强的大宗商品，或者根据国家打破行业垄断的需要开展探索试验。

2. 贸易流程要素

贸易流程是指贸易过程涉及的国别与贸易在国家间的流向。贸易过程仅涉及一个国家的，即为国内贸易，实际上现有一些自由贸易试验区都在做国内贸易的事情，以国家战略打造政策洼地，吸引国内贸易要素、经济主体从国内的其他地区转移到该地区，基本是从地方利益出发的考虑，难以顾全国家大局。因此，自由贸易试验区必须坚持双向发展，做强国际贸易，实现国家战略和地方利益的"双赢"。

贸易在国家间的流向即进口贸易和出口贸易。中国之前的国际贸易主要是散进集出，即散货、油品等大宗能源商品进口，成品出口，中国是世界工厂。世界上首个以进口为主题的大型国家级展会——"中国国际进口博览会"的召开，标志着拥有全球最多人口、全球第二大经济体的中国成为世界第二大进口国和消费国。中国已经进入消费规模持续扩大的新发展阶段，消费和进口具有巨大增长空间。未来 5 年，中国将进口超过 10 万亿美元的商品和服务，为世界各国企业进入中国大市场提供历史性机遇。对上海和浙江自贸试验区来讲，以进口贸易促服务贸易发展，抓住中国需求，提升中国在贸易领域的话语权应是题中之意。

3. 贸易规则要素

贸易规则包括关税壁垒和非关税壁垒。关税壁垒主要是对应货物贸易的，手段是征收海关税收，海关特殊监管区就是围绕着缓税、免税、退税展开的。关于自由贸易试验区与自贸港的区别，大量研究都是围绕"境内关外"的落实展开的，通常称为边境措施。今天来看，边境措施的效用是显著递减的。

非关税壁垒对应货物和服务两种贸易。比如，货物领域的有农产品贸易配额、原产地认证等；服务贸易如人员进出关检、资金进出的外汇管制、网络信息管制等。

目前，非关税壁垒有进一步扩张到市场属性、营商环境等领域，通常可以称作国内措施，实际是以贸易为途径干涉他国内政，强推经济政治体制改革，这已经构成中美贸易战的根本点。

（二）对自由贸易试验区、自由贸易港、自由港等概念的解读

我国自贸区的概念最早源自部门文件《商务部海关总署关于规范"自由贸易区"表述的函》（商国际函〔2008〕15 号）。该文件明确指出，根据世界贸易组织的有关解释，所谓"自由贸易区"，是指两个以上的主权国家或单独关税区通过签署协定，在世贸组织最惠国待遇基础上，相互进一步开放市场，分阶段取消绝大部分货物的关税和非关税壁垒，改善服务和投资的市场准入条件，从而形成的实现贸易和投资自由化的特定区域。"自由贸易区"所涵盖的范围是签署自由贸易协定所有成员的全部关税领土，而非其中的某一部分。"自由贸易区"对应的英文是 Free Trade Area（FTA）。文件又指出，近年来，在国内一些公开发表的文章、内部工作文件和媒体报道中，常常出现另一种"自由贸易区"的提法，其对应的英文为 Free Trade Zone（FTZ，自由贸易园区），指在某一国家或地区境内设立的实行优惠税收和特殊监管政策的小块特定区域，类似于世界海关组织的前身——海关合作理事会所解释的"自由区"。按照该组织 1973 年订立的《京都公约》的解释："自由区（Free Zone）系指缔约方境内的一部分，进入这一部分的任何货物，就进口税费而言，通常视为在关境之外，并免予实施通常的海关监管措施。有的国家还使用其他一些称谓，例如自由港、自由仓等。"我国的经济特区、保税区、出口加工区、保税港、经济技术开发区等特殊经济功能区都具有"自由贸易园区"（FTZ）的某些特征，但目前我国尚无与"自由贸易园区"完全对应的区域。之后的自由贸易试验区就属于"自由贸易园区"（FTZ）。但我国还没有关于自由贸

港、自由港的明确定义。自由贸易试验区、自由贸易港、自由港之间的区别可从以下几个角度解读。

1. 是否有区域概念

一种观点认为三者之间首要的区别是是否有区域的界定或物理的隔离。自由贸易试验区、自由贸易港、自由港都蕴含区域概念。但是我国的自由贸易试验区一般都是 120 平方千米的三个片区、若干个封闭区域，其中又包含若干个不同类型的海关特殊监管区。自由贸易港、自由港则更大。比如海南全岛自由贸易试验区，第一个提出探索建设中国特色自由贸易港。

2013 年 1 月，国务院批复的《浙江舟山群岛新区发展规划》指出，"顺应经济全球化、贸易自由化大趋势，全方位提高对外开放水平和层次，加快建设舟山港综合保税区，探索建立舟山自由贸易园区，逐步研究建设舟山自由港区，将舟山群岛新区建设成为我国重要的海上开放门户"。2018 年 3 月国务院在印发的《进一步深化中国（上海）自由贸易试验区改革开放方案》中提出，在洋山保税港区和上海浦东机场综合保税区等海关特殊监管区域内，设立自由贸易港区。其中都有"区"的概念。

党的十九大报告中"赋予自由贸易试验区更大改革自主权，探索建设自由贸易港"，第一次提出自由贸易港，没有"区"。汪洋副总理在《推动形成全面开放新格局》一文中同时使用了"自由贸易港"和"自由港"的概念。可以理解为，自由港是自由贸易港的简称。由于自由港更大，最好是没有物理的隔离措施，因此，他提出"我国海岸线长，离岛资源丰富。探索建设中国特色的自由贸易港，打造开放层次更高、营商环境更优、辐射作用更强的开放新高地，对促进开放型经济创新发展具有重要意义"，也就是离岛建设自由港之说。

2. 自由度的区别

汪洋副总理的撰文指出，自由港较自由贸易园区范围更广泛、进出更"自由"。除了贸易自由外，还包括投资自由、雇工自由、经营自由、经营人员出入境自由等。自由贸易园区实质上是采取自由港政策的关税隔离区，自贸港是自由贸易园区的升级版。

也有一些研究认为，自由贸易港和自由贸易园区的区别，主要体现在允许开展离岸贸易，在离岸贸易的基础上，进一步开放高端服务业，发展离岸金融等相关业务。

3. 国内外的差异

在国外的语境下，通常认为自由贸易区（FTZ）是由自由港发展起来的。自由港是指不受海关管辖的港口或港区。在该区域内，外国商品可以自由加工、分装、改装、装卸储存、展览、再出口等，不受海关管制，免征关税。但当商品进入所在国海关管辖区时，则需缴纳关税。自由港可以是有明确边界的港口的一部分，或整个港口，或包括港口所在的城市。这些国家或地区设置自由港的目的是吸引外资，发展加工工业和仓储业，促进对外贸易和转口贸易的发展，创造就业机会，繁荣地区经济。从这点来看，国外的自由港与中国之前的出口加工区有诸多相似之处。而中国的这个过程刚好相反，40 年来，通过改革开放推动从计划经济向市场经济的转变，从自由贸易试验区向自由贸易港发展是进一步深化改革、扩大对外开放的重要举措。

总体来看，自由贸易港是中国专有的名词，在国外文献中一般搜索不到"Free Trade Port"的相关资料。但实际上，真正的自由贸易是很难成立的。如同经济学公理：自由贸易有利于提高人类福祉。但这里假设世界是光滑的、均匀的，人与人是相同的（对等的），是去除了政治的经济学，类似于物理学中没有摩擦和真空状态下的物理运动。而真实世界中，贸易的摩擦将长期存在。在国际货物贸易中，越来越多的是发达国家对贸易设限，而不是发展中国家对贸易设限。

当真正的自由贸易实现时，实质上就是关税同盟或经济一体化的发展状态，如在我国全力建设自由贸易试验区并向自由贸易港发展时，汉堡却取消了自由港。因为，欧洲一体化已经不需要自由港的区域设置，反而产生不必要的监管麻烦。贸易全球化始终存在，但经济一体化道路漫长。经济一体化、贸易全球化两个概念有差异，是互为替代的。

那么，如果真要有一个自由贸易港的话，应该是一个自由离岸贸易港。而自由贸易港与自由港还存在一定差异。引用上面的分析范式，自由贸易港主要在于货物贸易，而自由港以服务贸易为主。

（三）对自由贸易谈判进展的解读

为发展国际贸易，一般的手段除了面向所有国家设立 FTZ 自贸区，还有开展自由贸易谈判，确立 FTA 自贸区关系，是指签订自由贸易协定的成员国相互彻底取消商品贸易中的关税和数量限制，使商品在各成员国之间可以自由流动。这样的谈判既有双边（两个国家之间），也有多边的（两个以上国家参与）。从发展阶段来看，多边自由贸易谈判发展经过了 GATT、WTO 阶段，当前的阶段以 TPP 谈判作为标志等。

正在谈判的中美 BIT 是目前中国最高标准的双边投资协定。中美 BIT 谈判已经历时 5 年多共 24 轮谈判，TPP 中涉及投资的内容与美国最新 BIT 范本高度一致。突破 TPP 限制、接轨高水平协定、参与国际规则制定，中美 BIT 是中国进一步对外开放的一个"探路者"。从某些角度说，加入 WTO 是为了商品更好流通的贸易"入世"，而谈成中美 BIT 则是为了资本更好流动的投资"入世"。奥巴马政府于 2012 年 4 月 20 日公布了修订后的 BIT 范本，即 2012 年 BIT 范本。新范本继续维持保护投资者利益与维护东道国基于公共利益采取管理措施权利之间的平衡，对透明度和公共参与、劳工与环境保护、国有企业的特殊待遇等问题进行了更为详尽的规制，其主要条款已经显著超越两国贸易，而深入双方营商环境的一致性，既是对中美历次 BIT 谈判焦点或分歧的回应，更是美国对国际投资领域重大利益和发展趋势深切关注的反映。BIT 2012 条款和 TPP 关于投资部分的内容很多是重叠的。

1. 准入前国民待遇和负面清单模式

BIT 2012 条款中的投资准入前国民待遇就是将国民待遇延伸至投资发生和建立前阶段，其核心是给予外资准入权，是指在企业设立、取得、扩大等阶段给予外国投资者及其投资不低于本国投资者及其投资的待遇。负面清单指凡是针对外资的与国民待遇、最惠国待遇不符的管理措施，或业绩要求、高管要求等方面的管理措施均以清单方式列明。

2. "国家安全"审查

其实质仍然是一个国家关于外国投资准入的审查问题。实践中，美国政府或国会也常以所谓"妨碍国家安全"为由否决涉及美国高新技术和能源领域的中国海外投资项目，以期达到美国在上述领域的垄断目的。国家安全审查已经成为广泛使用的新的贸易壁垒。

3. 金融服务与资本转移

美方在关于征收与补偿、资金汇兑以及金融服务等条款的谈判过程中，一直坚持所谓"赫尔三原则"，要求"充分、及时和有效"的将涉及的本国投资或投资者利益进行计价、汇兑和转移，并且保证所有过程的透明。

4. 投资者保护与公平竞争等市场规则

美国 2004 年 BIT 与 2012 年 BIT 范本明确要求适用"投资者—东道国"投资争端解决的国际仲裁机制，反对用尽当地司法救济的程序性限制。而中国早期的中外双边投资协定只允许将因征收或国有化而产生的关于赔偿数额的争议提交 ICSID 仲裁。以 1998 年为界，中国与外国缔结的第三代双边投资条约开始接受 ICISD 管辖条款，可以提交国际仲裁的事项突破因征收或国有化而产生的有关赔偿数额争议的局限。

5. 环境、劳工和透明度

2012 年，BIT 范本在环境条款、劳工条款中规定了一项义务，即缔约方不得"搁置或减损"本国的环境保护法或劳工法的立法宗旨或目的，以此来达到吸引外资的目的。要求缔约方不得为了吸引外资消极执行国内环境保护法或劳工法。要求缔约方重申国际承诺的规定。新范本要求缔约方承诺本国国内环境保护法与多边环境条约的施行，重申它们在国际劳工组织宣言中所做的承诺。

2012 年 BIT 范本要求建立透明度磋商机制，要求缔约方应该定期为如何提高双方透明度进行磋商。

6. 知识产权保护

新增国内技术履行要求的禁止条款。要求缔约方不得出于保护本国投资者或技术的目的，禁止或者强行要求外国投资者购买、使用或者优先使用东道国或东道国个人技术。这一新增规定维护了美国在知识产权领域的优势地位，反映了其对国家知识产权战略的高度关注。

新增产品和技术标准制定的参与程序要求东道国应该允许另一方缔约国的投资者在非歧视条款标准下参与东道国产品标准和技术规范的制定，但是不适用卫生与植物卫生检疫措施等情形。同时建议，非政府组织的相关标准制定也可参照上述要求执行。

从 2012 年 BIT 范本来看，当前自由贸易谈判的内容已经由关税谈判进入以非关税为主的阶段，双方就边境措施的约定已经是基础条件，大量的则深度涉及双方经济政治体制方面的内容，所谓的国内措施有不断扩大的趋势。比如，要求政府行政授权定义，界定政府向国有企业或者其他个人或组织授权的判断标准，以确保上述国有企业或其他组织行使政府职权的行为受到双边投资条约的全面约束。

二、"上海＋浙江"自贸试验区建设进展

（一）建设背景

1. 自由贸易谈判新规及美国重返亚太战略

自美国将 TPP 谈判作为重返亚太的重要战略举措，便开启了 WTO 规则全面升级模式。2012 年 4 月，奥巴马政府公布了最新的美式 BIT 范本：从广度上来讲，将贸易由货物贸易拓展到服务贸易领域；从深度上来讲，准入前国民待遇和负面清单、投资者保护（投资者—国家仲裁制度）、信

息公开（美国 2012 年 BIT 范本不仅要求公开法律、法规与规章本身，还要求公开行政条例草案以及对草案目的和原理的解释，并给予公众尽可能多的参与机会）、环境保护、最低工资，还有法治、信用体系建设等。可以发现，一国国内所谓的营商环境成为国际贸易谈判的焦点，而不是关税。

2013 年 9 月，我国第一个自由贸易试验区——中国（上海）自由贸易试验区正式成立，面积 28.78 平方千米，涵盖上海市外高桥保税区、外高桥保税物流园区、洋山保税港区和上海浦东机场综合保税区 4 个海关特殊监管区域。到 2014 年 12 月，中国（上海）自由贸易试验区区域扩展到 120.72 平方千米，增加金桥出口加工区、张江高科技园区和陆家嘴金融贸易区。2015 年 4 月 21 日，广东、天津、福建自由贸易试验区统一揭牌，第二批自贸试验区建设正式启动。三个自由贸易试验区围绕服务京津冀协同发展、打造粤港澳大湾区、深化两岸经济合作等国家战略各具特色、各有侧重的试点任务，但共同的试验内容都是围绕我国政府与市场之间的关系，在落实"放、管、服"上着手的，与当时的客观背景高度对应。一方面是深入开展商事管理改革，优化营商环境。另一方面则是回应未来的双边或多边贸易谈判，做好国际规则国内推广的压力测试。

2. 中美贸易新常态与我国进一步扩大开放新姿态

2016 年 8 月 31 日，第三批自贸区扩容至中国（辽宁）自由贸易试验区、中国（浙江）自由贸易试验区、中国（河南）自由贸易试验区、中国（湖北）自由贸易试验区、中国（重庆）自由贸易试验区、中国（四川）自由贸易试验区、中国（陕西）自由贸易试验区等。国家批复设立第三批 7 个自由贸易试验区的目的是表明我国进一步扩大开放和推动全球自由贸易的态度。特朗普上台后，提出和启动退出 TPP，给中国扩大对外贸易和在世界经济舞台上的作用力、影响力一个绝佳的机会。为此，我国进一步加快推进"一带一路"倡议，解构 TPP。对已有自贸区取得成果在上述区域重点推广，实现拓展压力测试区域，同步推进国内市场化改革。但是，从创新上来讲，已经没有太多的新意。而浙江自由提出围绕一个产业——

油品全产业链进行改革，深化对外开放倒是特色显著。从现有成效来看，也是与预期相符。

3. "一带一路"倡议与我国加大内陆开放

"一带一路"是"丝绸之路经济带"和"21世纪海上丝绸之路"的简称，2013年9月和10月由中国国家主席习近平分别提出建设"新丝绸之路经济带"和"21世纪海上丝绸之路"的合作倡议。2015年3月28日，国家发展改革委、外交部、商务部联合发布了《推动共建丝绸之路经济带和21世纪海上丝绸之路的愿景与行动》，标志着"一带一路"倡议（Belt and Road Initiative）正式进入实施阶段。2016年8月31日，新增第三批7个自贸区（5个在内陆，2个在沿海）是对"一带一路"倡议的一种布局、响应和支撑，也是促进区域均衡发展的需要。在试验区建设内容上，纷纷提出以建设中东欧自由贸易班列的构想。

4. 中国进入进口贸易新时代

2018年11月5日，首届中国国际进口博览会在上海开幕。标志着中国已经从出口为主进入进出口均衡的贸易新时代。举办进博会，是中国着眼于推动新一轮高水平对外开放做出的重大决策，是中国主动向世界开放市场的重大举措。习近平总书记在开幕式上发出"共建创新包容的开放型世界经济"的坚定宣言，并宣布：一是将增设中国上海自由贸易试验区的新片区，鼓励和支持上海在推进投资和贸易自由化便利化方面大胆创新探索，为全国积累更多可复制可推广经验；二是将在上海证券交易所设立科创板并试点注册制，支持上海国际金融中心和科技创新中心建设，不断完善资本市场基础制度；三是将支持长江三角洲区域一体化发展并上升为国家战略，着力落实新发展理念，构建现代化经济体系，推进更高起点的深化改革和更高层次的对外开放，同"一带一路"建设、京津冀协同发展、长江经济带发展、粤港澳大湾区建设相互配合，完善中国改革开放空间布局。

（二）建设方案

1. 上海自贸试验区三个方案比较

中国（上海）自由贸易试验区建立至今共发布三个总体方案：2013年9月18日，国发〔2013〕38号《中国（上海）自由贸易试验区总体方案》；2015年4月20日，国发〔2015〕21号《国务院关于印发进一步深化中国（上海）自由贸易试验区改革开放方案的通知》；2017年3月30日，国发〔2017〕23号《国务院关于印发全面深化中国（上海）自由贸易试验区改革开放方案的通知》。

三个方案内容结构基本相似，从具体内容上来看：第一个方案规定的范围最小，只有28.78平方千米，主要是上海市外高桥保税区、外高桥保税物流园区、洋山保税港区和上海浦东机场综合保税区4个海关特殊监管区域，但改革最聚焦、最深入。作为附件，单独列出金融服务、航运服务、商贸服务、专业服务、文化服务、社会服务6大领域、涉及18个行业的23条开放举措。这些举措至今还是之后自贸试验区（如海南）努力探索的开放内容。

主要内容和试验包括：以负面清单管理为核心的投资管理制度——市场准入负面清单和外商投资负面清单制度；以贸易便利化为重点的贸易监管制度——国际贸易单一窗口；海关通关一体化；以政府职能转变为核心的事中事后监管制度——单一窗口、三证合一、多证联办；商事登记；证照分离；以资本项目可兑换和金融服务业开放为目标的金融创新制度（金改40条）；服务业扩大开放——金融服务、航运服务、商贸服务、专业服务、文化服务和社会服务6个领域，18个行业；税收政策基本沿用海关特殊监管区；推进上海亚太知识产权中心建设；打造面向全球的亚太仲裁中心。

第二个方案是中国（上海）自由贸易试验区区域面积扩展到120.72平方千米。建设目标开始转向"放、管、服"为主的政府管理改革。具体是以负面清单管理为核心的投资管理制度、以贸易便利化为重点的贸易监管制度、以资本项目可兑换和金融服务业开放为目标的金融创新制度、以政府职能转变为核心的事中事后监管制度。

第三个方案则是第二个方案部分内容的细化和强化，也就是在以"放、管、服"为主的政府管理部分内容进一步实施改革创新举措。提出在洋山保税港区和上海浦东机场综合保税区等海关特殊监管区域内，设立自由贸易港区，对标国际最高水平，实施更高标准的"一线放开""二线安全高效管住"贸易监管制度，是一个创新。

2. "上海 + 浙江"自贸试验区建设方案比较

浙江自贸试验区方案则提出经过 3 年左右的探索，基本实现以油品为核心的大宗商品全球配置能力显著提升，对接国际标准初步建成自由贸易港区先行区。之后，进一步明确为围绕以国际油品交易中心、国际海事服务基地、国际油品储运基地、国际石化基地和大宗商品跨境贸易人民币国际化示范区"一中心、三基地、一示范区"的发展布局为目标任务进行建设。

与上海自贸试验区总体方案相比，显然其更具产业特色，针对特定产业加强制度创新是浙江自贸试验区的特定要求，这与上海自贸试验区面向所有产业开展"放、管、服"改革有较大的差异，与国内其他自贸试验区也有很大差异。因此，从总体方案上来看，浙江自贸试验区的改革开放开口小、力度更大、改革更深，可能与自由港的发展方向更接近；而上海自贸试验区由于面向所有产业，全面推进政府自身改革，其取得的改革成果具有广泛推广的价值，如表 3 - 1 所示。

（三）建设成效

1. 上海自贸试验区的建设成效

上海市政府于 2018 年 11 月 15 日举办上海自贸试验区五周年建设情况介绍会，中国（上海）自由贸易试验区拉开了中国自贸区的探索序幕。5 年过去，一大批可推广可复制的经验在上海自贸区诞生，贸易便利化、投资便利化、监管便利化逐一得到推进，并取得了积极成效。

表 3 - 1　上海自贸试验区三个方案和浙江自贸试验区方案比较

中国（上海）自由贸易试验区总体方案	进一步深化中国（上海）.自由贸易试验区改革开放方案	全面深化中国（上海）自由贸易试验区改革开放方案	中国（浙江）自由贸易试验区总体方案
一、总体要求 加快政府职能转变、积极探索管理模式创新、促进贸易和投资便利化。 （一）指导思想 率先建立符合国际化和法治化要求的跨境投资和贸易规则体系，使自贸试验区成为我国进一步融入经济全球化的重要载体，推动"一带一路"建设和长江经济带发展，做好可复制可推广经验总结推广。 （二）发展目标 服务业扩大开放和外商投资管理体制改革、资本项目可兑换和金融服务业全面开放、货物状态分类监管模式。 （三）实施范围 4个海关特殊监管区域120平方千米	一、总体要求 （一）指导思想 把制度创新作为核心任务、把防控风险作为重要底线、把企业作为重点。 率先建立符合国际化和法治化要求的跨境投资和贸易规则体系，使自贸试验区成为我国进一步融入经济全球化的重要载体，推动"一带一路"建设和长江经济带发展，做好可复制可推广经验总结推广。 （二）发展目标 以负面清单管理为核心的投资管理制度、以贸易便利化为重点的贸易监管制度、以资本项目可兑换和金融服务业开放为目标的金融创新制度、以政府职能转变为核心的事中事后监管制度。 （三）实施范围 120平方千米	一、总体要求 （一）指导思想 加强与上海国际金融中心和具有全球影响力的科技创新中心建设的联动，主动服务"一带一路"建设和长江经济带发展，更大力度转变政府管理职能，加快探索一级地方政府管理体制创新。 （二）建设目标 强化自贸试验区改革同上海市改革的联动，各项改革试点任务务具备条件的在浦东新区范围内全面实施，或在上海市推广试验	一、总体要求 （一）指导思想 推动大宗商品贸易自由化发挥示范引领作用、国际化、营造法治化、国际化、便利化营商环境。 （二）战略定位 建设成为东部地区重要枢纽上开放门户示范区、国际大宗商品贸易自由化先导区和具有国际影响力的资源配置基地。 （三）发展目标 以油品为核心的大宗商品全球配置能力显著提升、对接国际标准初步建成自由贸易港区先行区。 二、区位布局 （一）实施范围 119.95平方千米，3个片区

续表

中国（上海）自由贸易试验区总体方案	进一步深化中国（上海）自由贸易试验区改革开放方案	全面深化中国（上海）自由贸易试验区改革开放方案	中国（浙江）自由贸易试验区总体方案
二、主要任务和措施 （一）加快政府职能转变 深化行政审批制度改革，推进政府管理由注重事先审批转为注重事中、事后监管，建立一口受理、综合审批和高效运作的服务模式，实现不同部门的协同管理。完善信息网络平台，建立集中统一的市场监管综合执法体系；提高行政管理透明度，完善投资者权益合法权利；完善规则公开的信息披露机制；完善投资者权益有效保障机制，实现各类投资主体的公平竞争，允许符合条件的外国投资者自由转移其投资收益；建立知识产权收益；建立知识产权纠纷调解、援助等解决机制。 （二）扩大投资领域的开放 （1）扩大服务业开放。选择金融服务、航运服务、商贸服务、专业服务、文化服务以及社会服务领域扩大开放（具体开放清单见	二、主要任务和措施 （一）加快政府职能转变 （1）完善负面清单管理模式。转变以行政审批为主的行政管理方式，强化事中事后监管。 （2）加强社会信用体系应用。完善信用信息体系应用。加强社会信用体系应用。公共信用信息目录和公共信用信息应用产品开发。 （3）加强信息共享和服务平台应用。完善信息共享和服务体系。完善网上办事系统，实现全城市场管理、市场监督综合执法体系；健全综合执法体系，建立信息共享、资源整合、执法联动、措施协同的监管工作机制。 （5）健全社会力量参与市场监督制度。支持行业协会和专业服务机构参与市场监督；建立社会组织与企业、行业之间的服务对接机制，试点大进外民办非企业单位登记范围。 （6）完善企业年度报告公示和经营异常名录制度。 （7）健全国家安全审查和反垄断审查协同工作机制。 （8）推动产业预警制度创新。	二、主要任务和措施 （一）加强改革系统集成，建设开放和创新融为一体的综合改革试验区 （二）实施更加开放透明的市场准入管理模式，完善市场准入和外商投资负面清单制度和透明度。进一步提高外商投资负面清单的透明度。清理和取消对外商投资准入资格获取、招投标、权益保护等方面存在的差别化待遇 （三）全面深化商事登记制度改革 开展企业名称登记改革试点，放宽住所（经营场所）登记条件；推行全程电子化登记和电子营业执照；普遍建立企业注销和市场主体退出制度；开展"一照多址"改革试点。 （四）全面实现贸易"单一窗口""证照分离"改革 深化"先照后证"改革，实施生产许可证"一企一证"，探索取消生产许可证产品检验。 （五）建成国际先进水平的国际贸易"单一窗口" （六）建立安全高效便捷的海关综合监管新模式 借鉴联合国国际贸易"单一窗口"标准，实施国际贸易"单一窗口"数据协同，简化单证标准，推动国际贸易便利化。覆盖跨境领域通关业务办理，推进长江经济带跨区域通关业务办理，加强数据衔接和协同监管。	三、主要任务和措施 （一）切实转变政府职能 （1）深化行政体制改革，开展知识产权综合管理改革试点。推动知识服务创新，包括收税费改革创新，一厅自助办理、一窗化辅导自助申报、缴纳方式多元、业务自主预约、税收遵从合作，创新国际上服务等举措。 （2）建立统一开放的市场准入和高标准监管制度。 （3）提升利用外资水平。 （二）推动油品全产业链投资便利化和贸易自由化 （1）建设国际海事服务基地。 （2）建设国际油品储

续表

中国（上海）自由贸易试验区总体方案	进一步深化中国（上海）自由贸易试验区改革开放方案	全面深化中国（上海）自由贸易试验区改革开放方案	中国（浙江）自由贸易试验区总体方案
附件），暂停或取消投资者资质要求、股比限制、经营范围限制等准入限制措施（银行业机构、信息通信服务除外）。 （2）探索建立负面清单管理模式。对负面清单之外的领域，按照内外资一致的原则，将外商投资项目核准制改为备案制（国务院规定对国内投资项目保留审核准的除外）。 （3）构筑对外投资服务促进体系。对境外投资一般项目实行备案制，支持有条件的投资者设立境外投资股权投资母基金。 （三）推进贸易发展方式转变。 （1）推动贸易转型升级。深化国际贸易结算中心试点，拓展离岸专用账户的服务贸易跨境收付和融资功能；支持试验区内企业发展离岸业务；加快对外文化贸易基地建设；推动生物医药、软件信息、管理咨询、数据服务等外包业务发展；允许在试验区内设立各类融资租赁公司并开展境内外租赁服务；鼓励设	（9）推动信息公开制度创新。 （10）推动公平竞争制度创新。严格环境保护执法，建立环境违法违规法人"黑名单"制度；引导自贸试验区内企业申请环境能源管理模式，按照国际惯例推进自评价工作，建立长效跟踪评价机制。 （11）推动权益保护制度创新。推进上海亚太知识产权中心建设，加快打造面向全球的知识产权创新中心。 （二）深化与扩大开放相适应的投资管理制度创新 （1）进一步扩大服务业和制造业领域开放。减少和取消对外商投资准入限制，在服务业和先进制造业等领域进一步扩大开放。 （2）推进外商投资和境外投资管理制度改革。建立境外投融资与跨境资金流动宏观审慎管理政策框架，建立健全一内外资企业外债政策，统一外债宏观审慎管理制度。 （3）深化商事登记制度改革，推进"先照后证"改革，探索许可证清单	放方式。 深化实施全国海关通关一体化，"互联网＋海关"、"双随机、一公开"监管以及"自贸试验区监管"等举措，扩大"自主报税、自助通关、自动审放、重点稽核"试点范围。创新加工贸易出口货物专利纠纷担保放行方式。支持海关特殊监管区域外开展维修业务。 （七）建立检验检疫风险分类监管综合评定机制，设立国家质量基础检验检疫综合应用示范园区，探索扩大检验检疫结果国际互认的范围。 （八）建立具有国际竞争力的创新产业监管模式。优化生物医药全球协同研发的自贸试验区研究特殊物品的进口目录，在风险可控的前提下，试点数控机床、通信设备等进口再制造生产，探索引入市场领域监管效率。 （九）优化创新要素的市场配置机制。完善药品上市许可持有人制度，允许上海市医疗器械注册申请人委托上海生产企业生产"科技创新板"试点。深化上海股权托管交易中心"科创新板"试点。 （十）健全知识产权保护和运用体系，加强同国际通行规则相衔接，建立开放型经济体系的风险压力测试区 （十一）进一步放度缩减自贸试验区外商投资负面清单，最大限度缩减自贸试验区外商投资准入	运基地。 （3）建设国际石化基地。 （4）建设国际油品交易中心。 （5）加快石油石化科技研发和人才集聚。 （三）拓展新型贸易投资方式。 （1）建设国际矿产石中转基地。 （2）建设舟山航空产业园。 （3）加强现代贸易管理合作。 （四）推动金融体制机制创新。 （1）扩大金融服务领域开放。 （2）拓展金融服务功能。 （3）积极发展融资租赁与保险业务。 （4）建立健全金融风险防范体系。

续表

中国（上海）自由贸易试验区总体方案	进一步深化中国（上海）自由贸易试验区改革开放方案	全面深化中国（上海）自由贸易试验区改革开放方案	中国（浙江）自由贸易试验区总体方案
立第三方检验鉴定机构，按照国际标准采信其检测结果；试点开展境内外高技术、高附加值的维修业务。加快培育跨境电子商务服务功能。 （2）提升国际航运服务能级。 （四）深化金融领域的开放创新 （1）在风险可控前提下，可在试验区内对人民币资本项目可兑换、金融市场利率市场化、人民币跨境使用等方面创造条件进行先行先试；鼓励企业充分利用境内外两种资源、两个市场，实现跨境融资自由化。深化外债管理方式改革、促进跨境融资便利化；深化跨国公司总部外汇资金集中运营管理试点。 （2）增强金融服务功能。 （五）完善法制领域的制度保障 完善法制保障 三、营造相应的监管和税收制度环境 （一）创新监管服务模式 （1）推进实施"一线放开" （2）坚决实施"二线安全高效管	管理模式；实行简易注销程序。 （4）完善企业准入"单一窗口""单一证联办"或"三证合一"登记制度创新"多证联办"制度。加快企业准入"单一窗口" （三）积极推进贸易监管制度创新 （1）在自由贸易试验区内的海关特殊监管区域深化"一线放开""二线安全高效管住"贸易便利化改革，自动审放、重点稽核"等监管制度创新试点。报税、自动通关、自主 （2）推进国际贸易"单一窗口"建设。"探索长三角区域国际贸易"单一窗口"建设。 （3）统筹研究推进推进货物状态分类监管试点。研究推进货物状态分类监管试点。 （4）推动贸易转型升级。推进大示范电子口岸网络建设；快推进大宗商品现货市场和资源配置平台建设，开展文化版权交易、艺术品交易、印刷品对外加工等贸易，发展知识产权对外专业服务；促进上海跨境电子商务公共服务平台与境内外各类企业直接对接；探索融资租赁物登记制度。	进金融服务、电信、互联网、文化、文物、维修、航运服务等专业服务业和先进制造业领域对外开放。 （十二）实施贸易便利化新规则 深化亚太示范电子口岸网络试点。推动实施原产地预裁定制度。 （十三）创新跨境服务贸易管理模式 在风险可控的前提下，加快推进金融保险、文化旅游、教育卫生等中医药服务领域的贸易。深化国际船舶登记制度创新。探索完善服务贸易统计体系 （十四）进一步深化金融开放创新 有序推进资本项目可兑换 （十五）设立自由贸易港区 在洋山保税港区和上海浦东机场综合保税区等海关特殊监管区域内，设立自由贸易港区，探索实施符合国际通行做法的金融、外汇、投资和贸易风险防控体系。 四、进一步转变政府职能，建立和完善政府治理能力的先行区 加强自由贸易试验区建设与浦东新区一级地方政府职能的联动，系统推进简政放权、放管结合、优化服务等改革，在行政机构改革、管理体制创新、运行机制优化、服务方式转变等方面改革创新，全面提升开放环境下政府治理能力。	（五）推动通关体制机制创新 创新通关监管服务模式

续表

中国（上海）自由贸易试验区总体方案	进一步深化中国（上海）自由贸易试验区改革开放方案	全面深化中国（上海）自由贸易试验区改革开放方案	中国（浙江）自由贸易港总体方案
任。优化卡口管理，加强电子账册管理，推动试验区内货物在各海关特殊监管区域之间和跨关区便捷流转。 （3）进一步强化监管协作。 （二）探索与试验区相配套的税收政策 （1）实施促进投资的税收政策。将试验区内注册的融资租赁企业或金融租赁公司在试验区内设立的项目子公司纳入融资租赁出口退税试点范围。 （2）实施促进贸易的税收政策。分期缴纳所得税相配股权激励所得个人所得税分期纳税政策。	（5）完善具有国际竞争力的航运发展制度和运作模式。 （四）深入推进金融制度创新加大金融创新开放力度，加强与上海国际金融中心建设的联动。 （五）加强法制和政策保障 （1）健全法制保障体系。适时将相关规范性文件上升为地方性法规和规章。建立自贸试验区综合法律服务窗口等司法保障和服务体系。 （2）探索适应企业国际化发展需要的创新人才服务体系和国际人才流动通行制度。支持中外合作人才培训项目发展，加大对海外人才服务力度。 （3）研究完善促进投资和贸易的税收政策。调整完善对外投资所得税收政策，研究完善适用于境外股权投资和离岸业务的税收制度	（一）健全以简政放权为重点的行政管理体制。 （二）深化创新事中事后监管体制。 （三）优化信息互联共享的政府服务体系。实现市场准入"单窗口通办"、"全网通办"，政务服务"全区通办"，个人事务"全员协办"。 五、创新合作发展模式，成为服务国家"一带一路"建设、推动市场主体走出去的桥头堡 （一）以高标准便利化措施促进经贸合作。 （二）增强"一带一路"金融服务功能。大力发展海外投资保险、出口信用保险、工程建设保险等业务。探索具有国际竞争力的离岸税制安排。 六、服务全国改革开放大局，形成更多可复制推广的制度创新成果加快形成系统性的改革经验和模式	四、保障机制 （一）强化法制保障； （二）完善配套税收政策； （三）加强组织实施； （四）总结推广可复制的试点经验
四、扎实做好组织实施 国务院统筹领导和协调推进工作，上海市形成可操作的具体计划	四、扎实做好组织实施 在国务院领导下，由上海根据自贸试验区的目标定位和先行先试任务，精心组织实施，调整完善管理体制和工作机制，形成可操作的具体计划	七、抓好工作落实 在国务院自由贸易试验区工作部际联席会议统筹协调下，充分发挥地方和部门的积极性，抓好改革措施的落实。上海市把握基本定位，系统推进改革试点任务的落实	

（1）以负面清单为核心建设外商投资管理制度。上海自贸区揭幕同时退出中国第一份外商投资准入负面清单（2013年版），对18个行业门类进行分类，列明了190条外商投资特别管理措施。此后，负面清单不断缩短。2014年7月，上海市政府发布第二版负面清单，管理措施减少为139条，较第一版减少了51条。2015年和2017年，上海市向商务部提出进一步扩大开放措施和负面清单修订建议，大部分措施建议得到采纳。2018年，国家发改委、商务部发布的自贸试验区负面清单管理措施已减少至45条，比第一版减少了145条。

负面清单规定了禁入领域，在准入领域，上海创新了外商投资管理模式，备案成为外资准入管理的主要方式。外商投资企业备案的申报、审核、结果告知全程网上办理，办理时间压缩至1个工作日。这大大提升了外商投资上海的热情。截至2018年6月，上海自贸区挂牌后共新设外商投资企业8696个，合同外资1102.4亿美元，实到外资221.33亿美元，98%以上是通过备案方式设立。2017年，上海自贸试验区新增实到外资60亿美元，实到外资额在全国自贸试验区中位列第一。负面清单不断压缩的同时，上海率先放宽市场准入，扩大外商投资领域。截至2018年6月，扩大开放措施累计落地项目逾2600个。

（2）率先推出自由贸易账户，建立一批创新性金融制度。经过5年多的建设，上海自贸试验区按照对标国际高阶贸易投资规则的总体要求，构建了"监管沙盒机制"，并相继建立了一批创新性金融制度。人民银行上海总部于2014年5月发布了《试验区分账核算业务实施细则和风险审慎管理细则》，并于同年6月正式启动试验区分账核算管理下的自由贸易账户业务。目前，已有56家上海市各类金融机构建立了分账核算体系，提供自由贸易账户各项金融服务。至今，已累计办理本外币融资总额折合人民币1.36万亿元，其中人民币融资平均利率为4%。

（3）国际贸易单一窗口和证照分离应用成功，监管便利逐步实现。通过单一窗口在线办理，流程由"串联"变"并联"，并通过电子签章，网络送达，突破了时间和空间限制。办理时间由1天缩短到2个小时。

上海的国际贸易单一窗口建设以"一个平台、一次提交、结果反馈、数据共享"为原则，企业一次性递交所有材料，监管部门也通过一个平台将结果反馈给相关企业，实现企业与监管部门之间、监管部门相互之间的数据共享和国际贸易相关手续的"一网通办"。中国（上海）国际贸易单一窗口于2014年2月启动建设，对接了22个政府部门，服务了27万家企业。

在简政放权方面，上海自贸试验区着力推进以"证照分离"为核心的企业准入便利措施，着眼破解市场主体"办证难"和"准入不准营"问题。通过取消审批、审批改备案、实施告知承诺等方式，最大限度地减少审批事项、优化审批流程，降低企业创新创业门槛。2018年1月，国务院批复的10个领域47项改革试点，已全部实施并取得初步成效。与此同时，按照上海市政府关于改革全覆盖要求，纳入自主改革的35项事项也已全部实施。2018年9月12日，国务院常务会议部署向全国复制推广"证照分离"改革。监管的改变激发了市场的活力。5年来，上海自贸试验区累计新注册企业5.7万家，新设企业数是前20年同一区域企业数的1.6倍，其中新设外资企业数1万多家，占比从自贸试验区挂牌初期的5%上升到近20%；累计实到外资250亿美元，累计办结境外投资项目超过2200个。

2. 浙江自贸试验区建设成效

中国（浙江）自由贸易试验区实施范围119.95平方千米，全域设在舟山市。目前，舟山市梳理确定98个审批事项，已实现除例外事项目录以外所有事项"最多跑一次"100%全覆盖。企业审批方面，2018年2月，浙江自贸试验区在全省率先实施"证照分离"改革试点，改革后，企业办理时间由过去平均12.8天压缩到3天，效率提升了76%，实行告知承诺等事项从改革前3～20个工作日办结改为当场办结。截至10月23日，舟山市各部门共办理取消审批6件，审批改备案4592件，告知承诺1346件，提高透明度和可预期性1657件，强化准入监管3730件。浙江自贸试验区率先在全国试点国际贸易"单一窗口"，舟山口岸实现船舶进出境全流程通关手续办理时间由原来累计 16 小时以上压缩到现在的 2 小时，率先成为全国首个实行船舶进出境通关无纸化口岸。

在国际海事服务基地建设方面，制定《中国（浙江）自由贸易试验区国际航行船舶保税油经营管理暂行办法》，舟山市获得国家首次下放至地方政府的保税油经营审批权限，打破了几十年来只有"5＋1"企业垄断经营的"坚冰"。目前，5 家全国牌照供油企业、7 家舟山资质供油企业在舟山集聚，中油泰富保税油总部、中长燃华东结算中心、中石化船供油全球总部等机构先后落户。全面突破不同税号保税油混兑，全国首创"一船多供""先供后报""一库多供""跨关区跨港区直供""申报无疫放行"等通关便利化举措，推出全国首个船用燃料油加注联合惩戒机制，初步形成保税油"舟山价格"，成为我国第一大供油港。

在国际石化基地建设方面，累计完成投资 703 亿元，浙石化一期 2000 万吨/年炼化一体化项目全面进入设备安装阶段，并获得进口原油使用权和 500 万吨原油非国有贸易进口配额，计划将于 2018 年年底投产试运行，并力争到 2020 年浙石化二期项目投产，形成总计 4000 万吨/年炼油能力，初步建成投资开放、上下游产业链完整的国际绿色石化基地。

在国际油品储运基地建设方面，目前已经具备油品储运能力 2270 万立方米，成为全国最大的油品储运基地之一。黄泽山、小衢山、双子山项目规划总储量 5500 万立方米，建设 6 个 30 万吨级以上泊位和 151 千米输油管线，目前投资主体积极对接落实；6 条溪油品储运项目前期工作也正在加快推进。新奥 LNG 项目一期基本建成，LNG 码头布局规划也正抓紧编制。预计到 2018 年底，将形成 2700 万立方米油品储运规模，300 万吨 LNG 年处理能力。计划到 2020 年形成 4000 万立方米油品储存能力，建设成为我国规模最大的油品储运中转基地。

在人民币国际化示范区建设方面，加快引进金融机构，与工商银行新加坡分行等金融机构签订战略合作协议。1～8 月，实现跨境人民币结算额 501.2 亿元，同比增长近 20 倍，占全省的 12.6%。力争到 2020 年底实现跨境人民币结算量 800 亿元，大宗商品跨境现货贸易以人民币结算的比重显著提升。

3. 成果复制推广

根据上海自贸试验区的总结，自 2013 年 9 月 29 日以来，累计有 100 余个创新事项以及"证照分离"改革试点制度创新成果在全国复制推广，发挥了改革开放"试验田"的作用。上海自贸试验区外商投资"负面清单"改革，是上海自贸试验区成立之初推出的最基础、最重要的改革，迈出与国际通行投资规则接轨的重要一步，引世界注目。5 年来，"负面清单"已从最初的 190 条减至 2018 年版的 45 条，并在全国复制推广。中国第一家专业再保险经纪公司、第一家外资职业技能培训机构，还有第一家外商独资游艇设计公司、第一家外商独资国际船舶管理公司、第一家外商独资医疗机构、第一家外商独资工程设计公司、外商独资认证公司等都在上海自贸试验区诞生。

经第三方评估机构进行专业评估，浙江自贸试验区形成了 59 项制度创新成果，其中 23 项属全国首创。2018 年 5 月，国务院下发《关于做好自由贸易试验区第四批改革试点经验复制推广工作的通知》，将面向全国范围和特定区域复制推广 11 个自贸试验区形成的第四批改革试点经验，共计 30 项，其中出自浙江自贸试验区的有 6 项，占到总数的 20%，占同时挂牌的第三批自贸试验区的 35.3%，数量位居全国自贸试验区前列。

《国务院关于推广中国（上海）自由贸易试验区可复制改革试点经验的通知》（国发〔2014〕65 号）、《国务院关于做好自由贸易试验区新一批改革试点经验复制推广工作的通知》（国发〔2016〕63 号）、《商务部交通运输部工商总局质检总局外汇局关于做好自由贸易试验区第三批改革试点经验复制推广工作的函》（商资〔2017〕515 号）、《国务院关于做好自由贸易试验区第四批改革试点经验复制推广工作的通知》（国发〔2018〕12 号）。下面从政府职能转变、管理模式创新和投资便利化三个方面对两个自由贸易试验区挂牌以来的成效进行比较，如表 3-2 和图 3-1 所示。

表3-2　上海自贸试验区与浙江自贸试验区改革试点经验复制推广

	上海自贸试验区	浙江自贸试验区
政府职能转变	社会信用体系（建设公共信用信息服务平台，完善信用信息，信用产品使用信息，信用产品使用有关的系列制度等）；信息共享和综合执法制度（建设信息服务和共享平台，实现各管理部门监管信息的归集应用和全面共享；建立各部门联动执法配套，协调合作机制等）；企业年度报告公示和经营异常名录制度（与工商登记制度改革相配套，运用市场化、社会化的方式对企业进行监管；社会力量参与市场监督（通过扶持引导、购买服务、制定标准等制度支持行业协会和专业服务机构的网上信用信息）；纳税信用管理的专业监管，支持行业信用评级；企业完善专业监管制度（配合行业监管部门完善专业监管）；组织机构代码实时赋码设立实行"单一窗口"（企业设立实行"一个窗口"集中受理）	
管理模式创新	企业标准备案管理制度创新；取消生产许可证委托加工备案；全球维修产业检验检疫监管；中转货物产地来源地管理；检验检疫通关无纸化；第三方检验结果采信；出入境生物材料制品风险管理；期货保税交割制度；境内外维修海关监管；进口货物预检验；分线监管管理制度；工业产品动植物及其产品检疫审批负面清单管理；海运进境集装箱装卸便利化措施；企业设立程序，业务规生产许可证"一企一证"改革；融资租赁海关监管制度；从投资条件、完善专业监管要求、直接投资项则、监督管理、违规处罚等方面明确扩大开放的具体行业具体监管；个人其他经常项下人民币结算业务；外商投资企业外汇资本下外汇登记变更登记下放银行办理；银行办理大宗商品衍生品结合交易涉及的结售汇金意愿结汇	进境保税金属矿产品检验检疫监管制度；简化外锚地保税燃料油加注船舶入出境手续；外锚地保税燃料油受油船舶"申报无疫放行"制度；外锚地保税船供料油受油船舶便利化海事监管模式；保税燃料油供应便利化信用监管新模式；保税燃料油供应服务船舶准入管理人管理新模式
投资便利化	允许内外资企业从事游戏游艺设备生产和销售，经文化部门内容审核后面向国内市场销售；融资租货公司设立子公司内资最低注册资本限制；允许设立外资股份制外资投资性公司兼营与主营业务有关的商业保理业务；允许设立外商投资信信息调查公司；允许设立外商投资租赁公司；国际船舶运输领域扩大开放；国际船舶代理领域扩大开放；国际船舶管理业务扩大开放；国际海运货物装卸、国际海运集装箱站和堆场业务扩大开放；国际船舶登记制度创新	

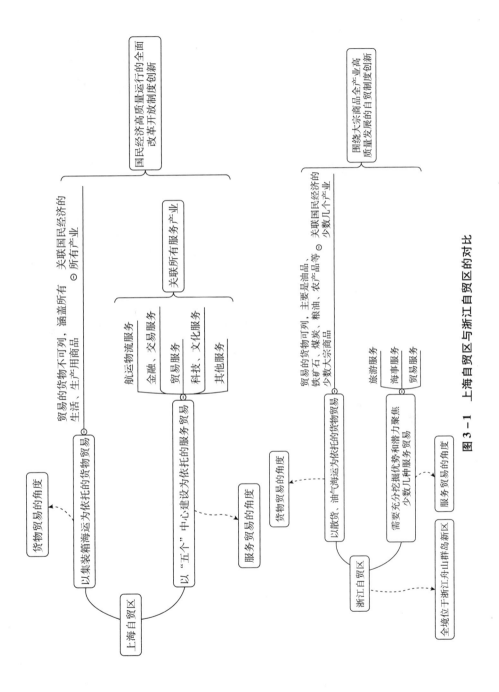

图3－1　上海自贸区与浙江自贸区的对比

三、"上海 + 浙江"自贸试验区关系建构

现有 12 个自贸试验区中，上海和浙江两个自贸试验区同处长三角，地理上非常接近。从国外经验来看，如果自贸区或将来发展为自由港主要是服务于两头在外的对外贸易，那么，作为中国及长三角区域经济最为活跃的两个区域，这样的设置也是有需要的。但如果是从国家战略角度，作为对外开放的试验田，可能存在同质化问题，如何实现互动、互补发展并形成体系，是值得考虑的。

（一）差异发展是上海、浙江两个自贸试验区同时存在的基本要求

差异发展理念最先被应用在企业发展战略上。相对于"趋同化"发展和"同质化"发展，在市场经济中，差异发展是应对竞争的一种有效方法和手段。我国明代商人沈万三总结的差异化发展道路是"人无我有，人有我优"。之后，差异发展理念被广泛应用作为各类组织的竞争发展策略，同样也适用于区域发展战略。

从前面分析和总结来看，上海、浙江两个自贸试验区在定位和建设内容上确实已经比较充分地体现了差异发展的理念。差异发展是上海、浙江两个自贸试验区同时存在的根本要求，应该进一步落实和扩大差异化发展策略，取得更多的差异化发展领域和差异化改革成效，努力形成更多的可推广复制成功经验，为上海、浙江两个自贸试验区互动发展奠定厚实的基础。进一步的差异发展可以从以下几方面着手：

1. 产业选择上的差异

上海自贸试验区自由产业体系完善，应面向所有产业加强制度创新，

重点在优化营商环境方面体现新亮点，牢固树立"店小二"的改革和服务理念，聚焦企业的痛点、难点、堵点，刀刃向内加大改革力度，在开办企业、项目开工、贸易通关、不动产登记等多个方面跑出"自贸区速度"。真正做成国家的试验田，不是地方的自留地；制度创新的高地，不是优惠政策的洼地；种苗圃，而不是栽盆景。

浙江自贸试验区继续深化油品全产业链发展的开放制度创新，形成从原油进口、加工、分销、供应及车供油、船供油等全产业链提升发展的制度创新成效；加快推进 LNG 全产业链开放发展探索；适时适度启动其他大宗商品，如煤炭、铁矿石、粮油、远洋水产品等全产业链领域的创新发展，有更多的大宗商品呈全产业链发展态势，提升对国家能源、食品安全战略的支撑力，积极参与和推动环境优先前提下的相关产业空间布局调整。

2. 服务面向上的差异

上海自贸试验区应继续领跑所有自贸试验区，服务我国经济社会发展的方方面面，突出服务全部产业和全国经济，深入践行习近平新时代中国特色社会主义思想，支持新时代"三步走"战略，坚定中国特色社会主义道路自信、理论自信、制度自信、文化自信，以构建人类命运共同体为目标，坚定不移推进经济全球化，引导经济全球化走向，提出打造富有活力的增长模式、开放共赢的合作模式、公正合理的治理模式、平衡普惠的发展模式。因此，上海自贸试验区应坚持全面突破，为全球经济化解矛盾、走出困境指明方向，提出解决全球问题的中国方案。

浙江自贸试验区则特色突破，以服务贸易为突破口，在部分行业领域上精准、深度突破。继续深耕大宗商品领域，服务国家能源和食品安全、农业安全，服务国家在垄断行业推进市场化改革，从全产业链全部环节入手，积极引入国际惯例、市场规则，对标新加坡、中国香港、迪拜等全球先进自由贸易港，吸收、消化再创新，为国际惯例中国化和用国际惯例、市场办法解决中国问题提供成功经验。

3. 开放路径上的差异

上海自贸试验区在开放路径上，主要是围绕货物进口走出去。当中国逐步成为进口大国、消费大国时，中国购、购全球，也正是中国贸易规则（如购买模式、支付制度等）"走出去"的时候。同时，作为国际金融中心，可能在更大范围内和更大力度上推行人民币国际化，使人民币真正成为国际贸易中的常用交易货币。

浙江自贸试验区在开放路径上，主要是引进全球服务（如海事服务），不断地、广泛地寻求与全球大宗商品领域服务商的合作，开展双方的项目、招商方面的合作，探索"双飞地"的合作模式，即浙江自贸试验区在外设立服务飞地，允许其他国家或地区在浙江自贸试验区设立服务飞地。

（二）互动发展是上海、浙江两个自贸试验区加快建设的根本路径

差异化发展只是基础，但两者各自发展，也不能产生最佳发展效果。如何既有差异又在差异的基础上协同、互补、相互支撑，是上海、浙江两个自贸试验区加快建设的根本路径。为此，应积极推进长江三角洲区域一体化国家战略，找准差异发展，寻求互动发展。

一是要着力加强顶层设计，研究编制长江三角洲区域一体化发展的自贸试验区相关规划，明确两个自贸试验区多个片区功能定位、产业分工、项目布局、设施配套、综合交通体系等重大问题，并从财政政策、投资政策、项目安排等方面形成具体措施；二是要着力加大对协同发展的推动，自觉打破自家"一亩三分地"的思维定式，抱成团朝着顶层设计的目标一起做，充分发挥现有经济合作发展协调机制的作用；三是要着力加快推进产业对接协作，理顺两个自贸试验区产业发展链条，形成区域间产业合理分布和上下游联动机制，对接产业规划，不搞同构性、同质化发展；四是要着力调整政府自身改革和制度创新的重点，促进两个试验贸区的分工协作，联合拓展两个自试验改革的空间和范围，两区视作一区，提高其综合创新能力和创新发展水平；五是要着力扩大环境容量生态空间，加强生态环境保护合作，在已经启动海洋污染防治协作机制的基础上，完善大气环境治理、清洁能源使用等领域合作机制；六是要着力构建现代化交通网络

系统，把交通一体化作为先行领域，加快构建快速、便捷、高效、安全、大容量、低成本的互联互通综合交通网络，比如"上海＋舟山"机场联动建设；七是要着力加快推进市场一体化进程，下决心破除限制资本、技术、产权、人才、劳动力等生产要素自由流动和优化配置的各种体制机制障碍，推动各种要素按照市场规律在区域内自由流动和优化配置。

（三）体系化发展是上海、浙江两个自贸试验升级自由贸易港的最佳模式

体系或系统是指一定范围内，上海、浙江两个自贸试验区按照一定的秩序和联系组合成一个具有特定功能的有机整体（集合）。体系化就是使两个自贸试验区成为一个体系的过程。两个自贸试验区差异、互动的最终目标应该是形成系统。就是使两个自贸区在无序和有序之间寻求平衡、局部之间相互协调、相互促进、相互补充、相互强化，产生强大的组织力。

"上海＋浙江"自贸区体系至少具有以下几个特征：一是空间优化有秩，自贸试验区各片区之间有差异、有互动，竞合关系合理；二是有一定的结构，指自贸试验区各片区之间有主、有辅，有领头、有跟随，梯次关系井然；三是有一定的功能，或者说要有一定的目的性。如区内与区外环境相互联系和相互作用中表现出来的性质、能力和功能。例如，港航物流系统的功能是进行物流的集合、顺畅、电子化等，形成以港口为枢纽的全物流链，海事服务系统则全面支撑港航物流系统的运行。

总体来讲，"上海＋浙江"自贸试验区体系由上海、浙江两个自贸试验区组成，双方的发展处于运动之中；两者间存在着相互的输入与输出联系；"上海＋浙江"自贸试验区体系各主量和的贡献大于各主量贡献的和，即常说的"1＋1＞2"。"上海＋浙江"自贸试验区体系的状态是可以转换、可以控制的，具有自进化发展的能力。

四、"上海＋浙江"自贸试验区向
自由贸易港发展战略

（一）未来趋势

1. 大国开启新格局

当前，国际形势多变。美国主力"美国优先"战略，退出、重建成为主题词。英国正在加速脱欧。大国格局及大国关系处于重构中。正是中国参与全球治理的最佳时期，必须发展自由贸易港，来全面推动国家战略。为此，上海自贸试验区扩区已进入议事日程，浙江自贸试验区进一步深化改革开放，令人期待和充满想象的 2.0 版，中国特色自由贸易港落子何地，需要上海和浙江两个自贸试验区合力争取。

2. FTZ 与 FTA 实现融合发展

就国内来讲，在推进自由贸易战略中，FTZ 自贸区与 FTA 自贸区实现了融合发展。FTZ 自贸区、FTA 自贸区出自政府管理文件（商国际函〔2008〕15 号），首先是为了界定政府管理边界，即 FTZ 自贸区由海关牵头负责，FTA 自由贸易区由商务部牵头。但在实际发展中需要融合。澳牛项目是典型案例。中澳自贸协定生效，中国将从澳大利亚进口大型活体动物。为此，包括浙江自贸区在内的多地纷纷建设所谓的澳牛项目。

3. 货物贸易与服务贸易同步发展

货物贸易与服务贸易同步发展势不可当。之前，我国重货物贸易，轻服务贸易，对货物贸易和服务贸易进行分别管理、统计。这与我们作为全球制造业大国的身份是对应的。现在，服务业成为我国全面发展中的短板。

12月22日，在全国商务工作会议上，商务部明确："优先发展服务贸易是推动经济转型升级和向高质量发展的重要举措。"将加快实施"贸易强国行动计划"，面向全球打造"中国服务"国家品牌。一是抓好平台建设。建设好"一试点、一示范、多基地"平台，深化服务贸易创新发展试点，落实好开放便利举措和政策保障措施，推动形成一批新的经验。开展服务外包示范城市综合评价和末位警示。推进13个国家文化出口基地建设，建设一批数字服务出口基地和中医药服务出口基地。二是抓好政策创新。落实好服务贸易创新发展引导基金，并在服务出口"零税率"、服务外包新业态新模式保税监管方面实现突破。三是抓好市场开拓。以"一带一路"为重点，推动建立一批新的双边合作机制。优化非商展行业结构和地域分布，增加服务贸易类展会数量。中国方案的基础是中国服务。因此，同步发展货物贸易与服务贸易是中国自贸区建设的使命。

（二）基本思路

国际贸易不仅需要有自由政策的支持，更需要现代服务的支撑；政策突破的空间越来越小（中国自由贸易政策即将终结），而服务产业链可不断延伸、衍生；政策可复制、易模仿；而服务业越高端越难被模仿，不易转移，具有内植性。

1. 以一流贸易服务谋划自由贸易港

考察自由贸易港的标杆，中国香港、新加坡等地在公司设立和注册、行业准入、外汇管理、货物监管和税收政策等方面实行的高度"自由"确实值得学习。我国各类海关特殊监管区的设立正是围绕税收政策展开的，而自由贸易试验区则是围绕公司设立和注册、行业准入、外汇管理等制度创新展开。上述区域政策或战略的推进基本起到了降低和消除贸易壁垒的作用，从内容上来讲，基本覆盖了自由贸易。虽仍与标杆地区有一些差距，但差距正在迅速缩小，且逐步逼近标杆地区也是可以预期的。

与中国香港、新加坡等自由贸易港相比，我们的真正差距在于贸易服务。为打造全球贸易服务中心，香港地区的做法如下。

（1）发展船舶登记注册服务，吸引航运（包括船舶管理）企业入驻。香港是世界第四大船舶注册地，仅次于巴拿马、利比里亚和马绍尔群岛。截至 2016 年 10 月，在香港注册的船舶总吨位达 1.71 亿载重吨，占全球船队的 9.3%，其中内地船东占 30% 左右。全球知名贸易航运经纪公司如 Clarksons、Simpson Spence 和 Young 等在香港设有办事处，一批职业经纪人为客户提供贸易、航运方面全方位的服务。

（2）发展保险和法律服务，为贸易避险和解决纠纷。截至 2017 年 3 月，香港共有 88 家服务于贸易的保险公司，其中 35 家是外资保险商；国际保赔协会集团有 13 家会员单位，为全球约 90% 的远洋吨数提供保赔服务，其中 12 家在香港设立办事处；国际海上保险联盟于 2016 年 10 月在香港成立亚洲区中心；香港《仲裁条例》是公认的最先进的仲裁法律之一，香港国际仲裁中心成立于 1985 年，越来越多的国际贸易合同选择在香港进行仲裁，全球顶尖律师行都以香港为基地服务全球。

（3）金融服务更是全球领先。航运物流、融资结算、保险仲裁、旅游购物是香港服务业的四大支柱，支持贸易的金融、保险、仲裁服务业是香港经济至关重要的组成部分。

综上所述，自由贸易不仅体现在政府的自贸政策、开放监管等行动，更需要强化贸易背后的服务，其意义至少有以下三方面。

（1）将贸易服务做实转化成服务贸易产业，为我国发展服务贸易找到切入点。贸易服务业可延伸和衍生，发展空间无限。

（2）贸易政策可复制、易模仿；而贸易服务一旦扎根，越是高端越是难被模仿，不易转移，具有内植性。因此，贸易背后的服务业值得我们重点关注和在我国谋划建设自由贸易港中不断强化，可能形成中国特色自由贸易港最强大的内核和不可复制的核心竞争力。而最终将构建起完善的市场生态系统，为全球贸易提供范例和经验，引领全球贸易新规则的发展，提供贸易规则服务（服务之上的服务）。

（3）可以解决我国自由贸易港选址和区域联动问题。深化油品全产业链自由贸易，服务长江经济带建设、国家能源安全，这是浙江自由贸易港首选主题。此外，浙江自由贸易港还应最大限度地服务我国全领域全面对外开放和浙江省全域开放。着力贸易服务即是以自由贸易港为龙头，通过服务产业较长的服务半径，连接起遍布长江经济带全境的国际贸易资源和平台，实现一体发展，共攀自由贸易峰顶。

2. 以双向均衡发展建设自贸港

互联网正强力推动国际传统贸易向跨境电子贸易发展。其典型特征是商流、物流、资金流的分离及相关专项服务需求的形成和独立发展成为一种业态。从国际贸易全操作过程来看，至少可能包括交易服务（电商平台、会展平台等）、物流服务（物流园区、交通设施、运输及配套服务）、信用服务（交易者保障）、融资服务、保险服务、法律（仲裁）服务（交易纠纷解决）、支付与结算服务、旅游（商务）服务、大数据（云）服务、质量标准检测追溯服务十余类，需求巨大，发展空间巨大。

当前的这场跨境电子贸易革命正是由中国引领，上海、浙江是主要发源地之一。宁波保税区、义乌国际小商品、阿里集团等在这场革命中正在扮演越来越重要的角色，初步具备一定的服务能力，完全具备进一步提升发展、领先全球的可能。两个自由贸易试验区应充分借助国际贸易转型趋势和领先优势，率先推动自由贸易港双向发展。

一是发展双向贸易，即从现有自由贸易试验区以大宗商品为主向大宗商品和小宗用品兼顾的全面自由贸易发展，从过去货物出口贸易为主到货物、服务双维，进口、出口均衡的双向贸易发展。大宗商品贸易应向跨境电商学习"全球购、购全球"的市场化发展经验，以建设发达的市场为抓手，汇聚购买方的力量推动普惠贸易；努力从制造业向外资开放转向服务业向外资开放，对贸易服务领域，引进全球一流企业和机构，实现我国服务业的跨越提质发展；上海、浙江的跨境电商已经走在全国、全球前列，完全有能力和有可能在该领域继续发力。

二是引导双向投资，即从吸收和利用外资为主，到"请进来""走出去"相结合的双向投资发展。首先，持续打造一个更加公平、更具有国际竞争力的营商环境，开放国门让外资进来。此外，也要进一步加大中国企业"走出去"的广度、力度。长三角地区民营企业多，活力强，与市场经济高度接轨，具有"走出去"的优势。

三是人员双向流动，即促进各类人才和人口的双向流动。通过开放人才落户政策，吸引外籍人才入浙；创新签证制度，为长三角旅游产业发展添上腾飞的翅膀。

3. 以三大创新举措做强自由贸易港

关注贸易背后的服务，发展贸易服务业，可汲取中国制造业充分借助对外开放、国际贸易的外力迅速实现"中国制造"的经验，以市场换服务能力，以开放促服务发展，合理借助香港在全球传统贸易中的地位和服务能力，合作创新，协作发展。

第一步，率先启动三个"中国回归"。在全球贸易服务中不乏中国企业。例如，工银租赁已经成为当今世界上最大的船东，为全球海运提供金融服务；我国有大量商船在国外注册登记和成立船舶管理公司。在商事方面，我国绝大多数国际贸易纠纷都在伦敦、新加坡或中国香港进行仲裁。这是我国服务业落后于上述国家或地区的显著表现。建议在上海、浙江自由贸易港的建设中，重点选择与香港开展深度合作，设立国际贸易深度合作发展区，作为香港"飞地"，全面引入香港服务业管理办法，吸引在外注册运营的中国资本及融资服务企业来此发展（中国资本回归）；吸引在外注册的中国船舶来此运营（中资外籍船回归）；在"飞地"内引入香港商事仲裁服务体系，吸引国际贸易双方选择在此仲裁（中国诉讼回归）。

第二步，实施"三个走出去"。全面推动中国结算。中国结算的基础是中国电商和中国物流。因此，要进一步支持电商企业搭建更高、更大的国际贸易平台，提升国际影响力，吸引更多的 B2B 或 B2C 贸易来平台交易，实现中国跨境电商走出去；要充分发挥自贸区建设的先进经验，充分发挥上港集团、浙江海港集团的规模优势和长期积累的港口运营经验，以政府+企业的合作模式，到"一带一路"国家建设保税区，启动国际并购，推动物流园区走出去，采购"一带一路"国家优质商品，帮助"一带一路"国家发展出口加工产业；以跨境电商为切入点，适度、有序放宽跨境电子商务活动中人民币计价结算政策，在风险可控的前提下逐步丰富电子商务跨境人民币业务产品（包括融资服务），支持结算"走出去"。同时，既要支持又要加强监管，双管齐下地进一步发展金融科技，扶持更多结算企业走上来。

第三步，逐步形成中国规则。上海、浙江已经立在跨境电子贸易的潮头，秉持聚沙成塔、积小成大的市场精神，通过跨境电商平台，通过学习先进地区管理服务理念，引入先进贸易服务产业后吸收创新再发展，以更优的服务（中国合同）赋能中小微企业，汇集多元化、多类型贸易主体，共同参与和推动全球贸易由单边贸易向普惠贸易发展，从而塑造全球贸易新规则（中国规则）。

（三）基本方案

近期，可以采取三个"+"为自由港发展探路。

1. "国际物流枢纽港+海事服务中心"

探索港航服务产业协同发展，组合港管委会基础上，成立航运服务业共建管委会。以错位发展、互补互利、合作共赢为基本原则，分别就重点产业和制度创新的布局、分工开展设计研究。

上海要尽快建成世界先进海空枢纽港，建成航运资源高度集聚、航运服务功能健全、航运市场环境优良、现代物流服务高效，具有全球航运资源配置能力的国际航运中心。一是航运枢纽功能国际领先。建成以智慧高效的集装箱枢纽港、品质领先的航空枢纽港、国际一流的邮轮母港等为特征的具有全球影响力的国际航运运营中心。二是航运服务能级大幅提升。提高现代航运服务业务对外辐射能力和国际化水平，基本建成国际航运服务中心，集聚航运服务全要素。全球百强航运企业和国际航运组织进一步增加，海事法律与仲裁、航运融资与保险、海事教育与研发、航运咨询与信息等服务能级进一步提高。三是航运创新能力全面增强。深化航运制度创新，对标国际贸易便利化最高标准，口岸综合效率和营商环境达到国际先进水平。打造航运科技创新高地，通过互联网、物联网、大数据、智能化等新技术应用，实现航运产业转型发展。从产业角度来说，就是发展以港口为枢纽、核心的航运物流全产业链。

浙江自贸试验区适宜发展服务业是要全面支持上海航运物流全产业链，建设海事服务产业体系。目前，中英自由贸易谈判加速进行，中英自由贸易协定也被预计为顶级协定，作为两国解决当前各自挑战的重要举措。英国也是中国"一带一路"倡议的合作伙伴。英国是最典型的海洋国家，英国为海洋贸易得以快速发展和全球推进提供了被世界各国和市场各主体普遍接受、认可的制度保障（比如海上保险、海上法律和合同、海事纠纷处理等）。英国的地理属性与浙江极其相近，浙江自贸试验区建设内容和产业选择与英国有诸多的相同之处。事实上，将中英合作、中英自由贸易作为浙江谋划自由贸易港建设的方向和核心，学习英国在海洋治理的先进技术和制度，深度合作，引入和吸收英国海上贸易服务（如保险、仲裁、海事等）的先进经验，就是那条自贸港建设的捷径。

未来，自由贸易港时代长三角"双赢"共生的贸易生态格局图是：上海主要做离岸贸易，做全球供应链管理，货物不必一定经过上海的口岸、港口，但是合同在上海签订、资金在上海结算。浙江大量制造业企业则是做口岸贸易。上海的航运中心学习伦敦的做法，主攻航运金融，实体的吞吐量将由舟山和宁波承接。

2. "大宗商品交易＋贸易"

浙江自试验区依托巨大的仓储能力和海上运输能力、江海联运服务中心建设，依托现有交易平台和企业，开展原油、成品油、保税燃料油现货交易，条件成熟时开展与期货相关的业务。允许自贸试验区内从事油品等大宗商品为主的交易平台或交易所在约定的商业银行设立贸易专用账户，存放大宗商品交易保证金。允许境内外金融机构、金融技术企业、金融信息服务企业参与自贸试验区油品交易现货市场建设。逐步允许境外企业参与商品期货交易。

上海拥有全国最全的交易所、银行间市场和要素市场。设立自贸试验区后，这些交易所纷纷在自贸试验区内设立分支机构，"抢滩"中国离岸金融中心。上海自贸试验区有条件发展大宗商品交易。

上海与浙江的合作可实现大宗商品贸易与交易并存，是贯彻落实国家关于能源安全、金融开放、自贸区等重大战略的重要举措。在既往合作的基础上，本着"优势互补、期现结合、合作共赢"的原则，依托中国庞大的石油消费市场和人民币日益增强的影响力，发挥上海期货交易所的国际化平台和浙江自贸试验区的油品全产业链优势，在产品创新和上市、交割仓库建设、市场体系建设、市场培训和产业服务、信息交流、人才交流等方面开展合作，打造与国际产业相融、市场相通、人民币计价结算的石油产业市场体系，不断提升中国石油领域国际话语权，保障国家能源安全，有效推动人民币国际化。

3. "科创中心＋休闲中心"

科创中心建设是上海继国际经济中心、国际金融中心、国际航运中心、国际贸易中心四个中心之后的第五个中心建设目标，也是中央重大部署和国家战略，服务全国大局、服务区域创新，与上海自试验区建设合一推进。首先，面向世界科技前沿，着力提升原始创新能力，大力推动张江综合性国家科学中心建设。面向重大技术领域，着力构建技术创新体系，聚焦人工智能、集成电路、生物医药、航天航空、海洋工程等领域，加强重大共性技术和关键核心技术攻关，促进创新链和产业链精准对接。其次，加快构建符合科技创新规律的体制机制。进一步落实国家科研评价、科研管理、科研诚信等重大改革举措，当好体制机制创新的探路者、企业技术创新的服务者、良好创新生态的营造者。最后，聚焦协同创新，推动形成开放、融合的创新新格局。在深化长三角科技创新合作上要有新突破，在融入全球科技创新网络上要有新作为，吸引更多国际高端创新机构、研发中心以及世界顶尖人才和团队在沪发展。

浙江自贸试验区应积极吸取海南自贸试验区设立和建设经验，围绕大健康产业、大旅游产业，规划对标全球海洋中心城市，从"绿色生态、构建全域海洋生态旅游系统；活力共享、塑造多彩滨海生活；功能提升、优化海岸带产业布局；区域合作，推进长三角、大湾区一体发展"四个方面推进创建"世界级蓝色活力海岛"，打造全球海岛、海洋休闲中心。

（四）基本保障

以构建更高层次的对外开放区域、制度为目标，服务长三角港口一体化发展，构建"上海＋浙江"自由贸易港体系，必须大力加快自身的顶层设计并不断加大落实力度，提高资源利用效率，实现资源的优化配置。

1. 加强政府顶层设计

建议上海市、浙江省政府应专门成立两个自贸试验区协同发展领导小组，并制定《上海、浙江自贸区协同发展规划纲要》，对两个自贸区的产业功能、区域定位等进行重新划分，使其更加科学、更加高效，使两个自贸试验区协同发展确立总章程、总的行动指南；要做好两个自贸区试验的自身职责担当，并发挥两个自贸区试验的各自优势，形成"上海＋浙江"自贸试验区整体竞争力。

2. 构建利益统筹机制

构建统筹联动机制需要在政府主导下，建立政府间的工作联系，并发挥它们的积极性，形成协商的常态化和制度化，逐步突破行政壁垒，形成利益共享机制。为此，要做到以下几点：首先，要统筹全局，必须去除各自为政、狭隘利己的思想禁锢，破除各种地方保护性和歧视性做法。要建立一种平等的沟通协商机制。其次，还要加快完善基础设施建设，加大公路、铁路、地铁等各种交通设施的投资，打造"1小时交通圈"。最后，大力促进协同创新共同体建设，拓展产业对接渠道。

3. 建立充分共享的利益分配机制

抢抓机遇，明确自身定位，狠抓具体落实，在自身定位明确的基础上，制定自身发展的细则，并在实施过程中不断完善，力求自身的优势最大限度地发挥。与此同时，还要加强和其他自贸区的沟通、协调，形成共同发展的合力。

五、设立大小洋山协同发展试验区

打破行政区划界限和壁垒，加强规划统筹和衔接，紧紧围绕中国特色自由贸易港建设，努力将大小洋山协同区建设成为改革开放、创富创新，智慧科技、生态宜居、文明和谐的全国一流协同发展试验区、国际港口城市新城区、多式联运服务体系建设示范区、国际海洋经济先导区。

（一）主要功能

一是港口装卸作业区。充分发挥洋山港水深优势，发展包括集装箱拆拼箱等港口装卸作业服务，中转集拼和保税物流服务，建设成为长江经济带集装箱江海联运服务总部基地。二是多式联运物流区。对接长江经济带，着力发展公铁、海铁、海船等两用港口体系，拓展国内多式联运合作、探索推进运贸一体化发展。三是旅游功能区。充分利用海域资源、航道优势，加快发展海洋休闲旅游业，建设邮轮母港，形成集邮轮港区服务、主题旅游观光、保税物品采购、海上休闲度假、旅游集散服务等功能为一体的邮轮主题旅游区。四是港城服务区。将大洋山、小洋山建设成为卫星城，建设一流的港口新城。五是自由贸易港产业集聚区。积极争取将大洋山成为浙江自贸试验区2.0版的扩容区，以此为契机，积极以发展新经济、新业态、新模式的产业。

（二）管理和运作模式

双方本着"资源共享、功能协调、产业互补、利益均沾、成果共享、命运一体"的原则，运用行政与市场两只手，建立灵活的管理机制和运作模式。一是政府间行政管理机制。成立浦东舟山高质量协同发展领导小组，作为双方高层协调机构，对区域协调发展中的土地、税收等相关问题进行协商；成立大小洋山协同发展试验区管委会，作为两地联合派出的议事协调机构，分别接受两地政府的授权，总体行使开发区域内的行政管理和协调职能。二是市场化的企业运作模式。由沪舟合资成立大小洋山开发投资有限公司，作为合作开发的主体，实施试验区域内陆域、水域、岸线等项目的滚动开发，实施项目区域内的道路、码头、综合监管区等基础设施的配套建设。出资公司以股权合作为基础，股权可以以岸线、土地等作价入股，双方利益均沾。

（三）工作建议

1. 坚持规划统一，实现区域协同发展

实质性推进大小洋山协同发展试验区建设，发挥上海、浦东新区所具有的辐射能量是根本，规划一体化是手段，区块（土地）一体化开发是关键，招商一体化是途径。试验区制定的规划应符合上海市、浙江省、舟山市"多规合一"总体规划，并符合节约集约用地用海的有关要求。区域内土地、海域开发利用在遵守国家法律法规的原则下，双方在协商一致情况共同使用。区域内大洋山、小洋山两地根据总体规划和分区管理的方式，两地差别化招商，实现产业招商一体化。试验区地区生产总值、税收存量归两地所有，增量部分由两地政府在协商基础上按比例分成，提升两地协调发展作用。

2. 坚持统筹联动，夯实基础设施建设

坚持陆海内外统筹联动发展，全面对接大湾区建设，加快东海大桥延伸至大洋山建设，实现大小洋山岛的互联互通；积极推动东海大桥铁路桥建设。

3. 发挥港口优势，做大做强临港产业

充分挖掘和建设洋山深水港，以小洋山港区强大的贸易带动力，加快发展大宗商品、现代服务和离岸贸易、海洋金融等现代服务业发展；主动对接沿海大通道，大力发展集装箱拼装、稍带贸易，加大试验区开放型港

口贸易发展；根据市场需求依法拓展洋山岛邮轮与东南亚、韩国、日本、菲律宾航线，加快嵊泗海域游艇业发展，打造国际休闲养生岛。

4. 争取自贸区扩容，享受自贸政策

当前浙江自贸试验区正在 2.0 版区域扩容政策，试验区应积极争取将大洋山岛纳入自贸试验区范围内，届时两岛可以享受自贸试验区的相关政策优惠，可先行试行"一线放开、二线高效管住"的货物进出境管理制度；建设具有国际先进水平的国际贸易"单一窗口"，提升贸易便利化水平；对外资全面实行准入前国民待遇加负面清单管理制度，深化海洋高新技术产业、现代服务业对外开放。

第四章　打造油品贸易—交易一体化的实施路径*

一、浙江自贸试验区发展油品贸易—交易一体化研究背景

（一）中国已成为全球最大的原油市场之一

进入21世纪以来，世界原油市场产销量平稳增长，供需格局不断调整，价格波动剧烈，以美国为代表的北美市场油品自给能力不断增强；欧洲市场油品消费水平停滞不前；而以中国为代表的亚太地区油品消费持续上升。2016年，全球原油产量43.8亿吨，产地主要集中在中东（34.2%）、北美（20.1%）、欧洲及包括俄罗斯在内的欧亚大陆（19.6%），消费市场主要集中在亚太（34.8%）、北美（24.7%）、欧洲及欧亚大陆（19.5%）；其原油贸易总量21.2亿吨，其中亚太占52.0%（主要是进口），欧洲占23.6%，美国占18.6%。2016年，全球成品油贸

* 课题负责人：方晨。

易量 11 亿吨，近 15 年年均增长超过 6%，大大高于原油年均增长 1% 的增速。全球成品油进口主要集中在亚太（43%，其中新加坡 11%）、欧洲（18.2%）、美国（16.8%）。2016 年，中国原油消费量 5.8 亿吨，其中进口 3.8 亿吨，占全球原油贸易总量的 17.9%，进口主要来自中东（47.7%）、非洲（18.5%）、俄罗斯（13.6%）、南美（13.1%）。中国已与美国（原油进口占全球 18.1%）一起成为全球最大的单一原油市场，但中国在世界油品市场的影响力和地位与其市场规模还远远不相适应。

（二）"现货市场 + 交易所"是掌握油品定价权和话语权的重要手段

目前，全球油品交易主要集中在北美、加勒比海、西北欧、新加坡、地中海五大现货市场，以及美国芝加哥商品交易所（CME）和美国洲际交易所（ICE）。五大现货市场占据全球 90% 以上的现货交易份额，两大交易所占据全球 96% 原油期货交易份额。五大现货市场和两大交易所共同决定了相关油品现货和中远期的价格。全球油品市场主要以五大现货市场和两大交易所的价格为基准，加上升贴水的形式确定结算价格。因此，要增强中国在全球油品市场的定价权和话语权，确保我国能源安全，必须建设现货市场和交易所相结合的世界级油品交易中心。

（三）浙江自贸试验区迎来打造世界级油品交易中心的历史性机遇

2017 年 3 月，国务院正式批复成立浙江自贸试验区，未来还将建设自由贸易港区，这是国家意志、国家战略、国家使命。自贸区位于中国 1.8 万千米海岸线的中心，背靠上海国际航运中心，处在中国南北海运和长江水运"T"形枢纽上，具有独特的区位优势和开放优势，最大特点是油品全产业链以及以油品为核心的大宗商品交易。目前自贸区正在"一带一路"倡议大背景下，加快建设以石油储备为核心的国际油品储运基地，以环杭州湾石化产业集群为引领的国际石化基地，以保税燃料油供应为重点的国际海事服务基地，未来将形成 1 亿吨油品储备能力、1 亿吨炼油能力，为世界级油品交易中心的建设提供重大的历史性机遇。

（四）浙江——正在崛起的油品全产业链交易中心

浙江省是我国东部沿海经济较为发达的地区之一，民营经济繁荣、交通网络密布等都对成品油消费构成较强提振，成品油年均消费量位居国内前列，近年来油品行业上下游领域都呈现出快速发展态势。2017 年 5 月，浙江荣盛等民营控股的浙江石化 4000 万吨/年炼化一体化项目获批。按规划，到 2018 年底一期 2000 万吨炼油装置将投产；到 2020 年进一步达到 4000 万吨炼油能力。另外，区内还分布中石化旗下镇海炼化以及中海油大榭炼厂等，无疑将进一步巩固国内炼化强省的地位。

据了解，浙江省成品油消费体量已经达到 2400 万~2500 万吨，后期仍有一定的上涨空间。而目前区内仅有镇海炼化和宁波大榭两座规模炼厂供油，有 1000 多万吨资源需从外调运。尽管浙江石化装置设计已经将成品油出率大幅降低，但鉴于装置能力较大，一期投产之后成品油年产量仍将达到 800 万吨左右，二期投产之后产量将再翻番。因此，后期浙江省成品油将逐步实现自给自足之后继而演变为资源外调的大省。

而为了保证省内资源的正常供应，中石化积极布局区内管道建设，目前被誉为浙江沿海能源大动脉的甬台温成品油管道成功试运行，尤其是随着宁波、台州、温州等沿海地区成品油消费量逐年提升，水路运输由于其自身的局限性越来越难以满足市场的需求，因此该管道建成投用对当地资源正常供应大有裨益，同时也可以分担一部分其他成品油销售单位的串换资源供应。中石化已构建起沿海炼厂向周边市场辐射、覆盖浙江 9 个地市的"两纵两横三专线"、全长近 1500 千米的成品油管网。后期随着区内成品油供应量逐步增加，成品油管线也将承担起向区外运输的重任。

2017 年 3 月，国务院正式批复《中国（浙江）自由贸易试验区总体方案》，自贸区将打造"三基地一中心"，即建设以石油储备为核心的国际油品储运基地，以舟山鱼山岛炼化项目为核心的国际绿色石化基地，以保税燃料油供应为核心的国际海事服务基地，以油品交易为主线的国际油品交易中心。目前，商务部发布浙江自贸试验区企业申请原油非国有贸易进口资格条件和程序，而这也是2015年国家下放地方炼厂原油进口"双权"以来，第一次明确了贸易企业进入原油进口领域的申请路径，对浙江自贸试验区建设乃至整个国内油气体制改革都有重大意义。

未来，浙江将在逐步完善区内油品产业链条的同时，面向国际市场积极布局和建设，全力打造国内乃至国际一流的油品储运、炼化、交易中心。当然，机遇与挑战并存，后期资源供应过剩、油品同质化竞争加剧、成品油消费量进入"瓶颈"等都将是不可避免的问题。

二、油品贸易—交易一体化的战略定位、发展目标和总体思路

（一）战略定位

依托自贸区国家战略、国内巨大油品市场、舟山优越地理区位优势，结合自由贸易港建设，以油品现货市场为基础，以衍生品交易为核心，以集成服务体系为支撑，打造有全球影响力和国际油品定价权的世界级油品交易中心。其战略定位为"一市场三中心"。

（1）国际油品现货市场。发挥自贸区政策和舟山区位条件优势，借助世界级国际海事服务基地、国际油品储运基地和国际石化基地建设，集聚国内、国际油品产业客户，成为油品贸易的集散地、实物交割地和计价结算中心，成为可与世界五大油品现货市场媲美的国际油品市场。

（2）亚太油品衍生品创新中心。抓住自贸区先行先试政策机遇，充分利用自由贸易港建设体制优势，以油品场外交易为突破口，快速响应市场

需求，加大交易产品和交易模式的持续创新力度，力争建成亚太油品场外衍生品交易产品最丰富、交易模式最多样、交易规模最大的油品交易场所。

（3）亚太油品集成服务中心。以油品交易为核心，整合相关产业资源，利用互联网、物联网、大数据、云计算等技术，构建集金融服务、物流仓储服务、法律仲裁服务、信息咨询服务等于一体的综合配套集成服务体系，形成油品全产业链互相促进、优化发展、共生共赢的产业生态圈。

（4）国际油品定价中心。依托自贸区的油品贸易和交易规模，形成若干种有国际市场影响力的油品现货价格指数，成为油品市场的基准结算价格，建设大宗商品跨境人民币国际化示范区，推进国际油品交易的人民币计价和结算，不断增强我国在国际油品市场的定价权和话语权。

（二）发展目标

根据浙江省委、省政府领导的有关要求和浙江自贸试验区管理委员会提出的国际油品交易中心建设实施方案，拟定如下发展目标。

（1）到 2020 年，油品年贸易规模突破 3000 亿元人民币，油品年交易规模力争突破 1 万亿元人民币，初步形成（舟山）油品现货价格指数，力争成为东北亚领先、接轨国际的油品现货市场。

（2）到 2025 年，油品年贸易规模突破 6000 亿元人民币，油品年交易规模力争突破 7 万亿元人民币，油品交易规模超过新加坡市场的 1/3，成为亚太有影响力的油品场外衍生品交易中心。

（3）到 2030 年，油品年贸易规模突破 1 万亿元人民币，油品年交易规模力争突破 20 万亿元人民币，油品交易规模与新加坡市场相当，成为国际知名的油品交易中心。

（三）总体思路

贸易—交易一体化是油品全产业链的最高端，含金量最高，对地方的产业拉动效应强，税收贡献大，但困难也较大。按照国务院《中国（浙江）自由贸易试验区》批复的精神，我们应对外对标新加坡，以建立符合国际油品贸易惯例的国际贸易体系及交易体系为目标；对内对标上海自贸试验区及上海黄金交易所，以大宗商品交易国际版为突破口，争取外汇、交易模式、交易会员等政策的突破。

在现阶段，浙江自贸试验区油品贸易—交易一体化工作应分三步走的战略实施：第一阶段，在自贸区背景下，针对油品贸易—交易一体化对外开放自由度、外汇管理等的自由化要求高的实际情况，强化政策保障体系，理顺管理体制，打造油品总部经济，是我们工作的重中之重。核心主要有：建立适应自贸区发展的政策保障体系，明晰自贸区各相关职能部门的权责关系。根据舟山交易平台发展现状，加强整合，确定自贸区发展的核心交易平台。建立油品贸易—交易一体化的监管体系，加强对交易场所的监管。推进贸易便利化，接轨国际，强化金融配套、服务能力，加快产业集聚，重点着眼于打造油品总部经济。突破制约发展的一些瓶颈及障碍，如油品资质（原油进口资质、原油国内销售资质），外汇账户及外汇管理，金融配套，市场准入，交易模式，价格发布体系，交易清算，保税仓单质押融资、保税仓单流转等核心业务，实现国内首创。

目标：到2020年，保税燃料油供应量达到600万吨；油品贸易规模以上经营企业超过300家，油品贸易规模突破3000亿元；形成具备一定影响力的原油、成品油、燃料油等油品现货交易市场，现货交易规模突破1万亿元。

在第二阶段，打造人民币离岸中心，构筑大宗商品交易的多层次覆盖体系。大力发展油品离岸贸易，建设人民币离岸中心。发展场外衍生品市场，构筑多层次商品交易体系，实现大宗商品的交易避险区。主要是发展场外衍生品交易、交易制度国际化、清算模式国际化、仓储体系国际化。开展与国际大宗商品行业巨头建立战略联盟，与国内外主要商品期货交易所进行合作，开展期现对接、跨品种套利等业务。

在第三阶段，建立期货交易所，形成国际国内与交易平台互通，贸易—交易一体化基本形成，最终实现"舟山指数、舟山价格"。

三、浙江自贸试验区推进油品贸易—交易一体化的优势与不足

（一）舟山发展油品贸易—交易一体化的优势

1. 市场前景看好

舟山具有大港口、大吞吐的大宗商品集散港的鲜明特点，据统计，宁波舟山港承担了长江经济带 45% 的铁矿石、90% 以上的油品中转量，1/3 的国际航线集装箱运输量，以及全国约 40% 的油品、30% 的铁矿石、20% 的煤炭储备量，是全国最大的江海联运基地，宁波—舟山港一年有超过 6000 艘次的国际航行船舶进出港。同时，舟山又是国内最大的国际航行船舶修理基地。这些国际航行船舶加上上海港和沿长江各大港口国际航行船舶，都为舟山发展船舶保税燃料油提供了潜在的大市场。舟山已成为国内品种最全、规模最大的保税油料调拨基地，保税燃料油的价格在国内各大口岸具有十分激烈的竞争力。

2. 优越的区位和港口、仓储条件、锚地提供了基础支撑

舟山有 11 个港区，这些港区内分布着 41 个万吨级码头泊位，其中 30 万吨级的码头泊位有 3 个。2016 年，宁波舟山港货物吞吐量 9.2 亿吨，连续 8 年稳居全球港口第一位，完成集装箱吞吐量 2156 万标箱，居全球第四位。

舟山背靠全球前两位的港口即宁波舟山港和上海港，加上舟山独特的区位优势，北至江苏、南至福建、西到长江沿线都是舟山的服务半径。目前，舟山建成投入使用的 2300 万立方米的油罐仓储设施、30 万吨级的码头及通向内陆的海底石油管道及优良的港口避风条件，都为舟山成为国内

最大乃至世界上都首屈一指的保税燃料油供应基地，成为现实的可能及保障。自贸区油品仓储基地建成后，舟山将成为全球最大的油品仓储基地，总的储藏量将达 1 亿立方米的规模。

3. 舟山大石化产业基本成形

截至 2017 年底，舟山共有港区内油品仓储经营企业 44 家，储罐 942 座，总罐容 1364.7 万立方米。规模以上（10 万立方米）的油品仓储企业 12 家，总罐容为 1284.8 万立方米，占全市总罐容的 94.1%，保税罐容 926.7 万立方米。另外，岙山岛上的舟山国家石油储备基地有限责任公司作为国家石油储备基地，现有原油储罐 80 座，总罐容 800 万立方米，均为保税罐。2018 年，浙江石化第一期 2000 万吨规模的炼化项目将建成投产，舟山的"大石化"产业链就此形成，在舟山形成了从油品的生产加工、仓储运输、贸易交易完整的产业生态链，为打造贸易—交易一体化提供了坚实的产业基础。截至 2018 年 3 月底，浙江自由贸易试验区挂牌一周年之际，受到自由贸易试验区利好政策的影响，累计引进油品企业 1300 多家，浙江省石油股份有限公司落户，油品贸易额达到 676.5 亿元。

4. 政策环境独一无二

随着国家对海洋的重视，舟山国家战略地位逐渐提升。舟山所享有的政策环境在国内首屈一指，优势明显。一是 2011 年 6 月 30 日国务院正式批准设立浙江舟山群岛新区，舟山群岛开发开放上升为国家战略，是中国第一个以海洋经济为主题的国家战略层面新区。二是 2013 年 1 月 17 日国务院批复《浙江舟山群岛新区发展规划》，明确舟山战略目标定位：要建成我国大宗商品储运中转加工交易中心。三是 2016 年 4 月 27 日国务院批复"中国舟山江海联运服务中心"，要求舟山江海联运服务中心建设紧密围绕国家战略，增强现代航运物流服务功能，提升大宗商品储备加工交易能力，打造国际一流的江海联运综合枢纽港、航运服务基地和国家大宗商品储运加工交易基地，创建我国港口一体化改革发展示范区。四是 2017 年 3 月 15 日中国（浙江）自由贸易试验区批准设立。2017 年 4 月 1 日，浙江自贸试验区正式挂牌成立，浙江自贸试验区总体方案的重中之重是明确以"油"为主，做大做强大宗商品贸易，实现以油品产业链为主的大宗商品投资便利化和贸易自由化。从国家提出大宗商品储运中转加工交易中心的概念到自贸区整体方案的批复，一次比一次清晰，这次自贸试验区方案的批复，是抓住了大宗商品贸易—交易一体化的"牛鼻子"，意义重大。

目前，自贸区相关政策正逐步落地。以上国家级政策优势的叠加，国内独一无二。

5. 油品的贸易—交易一体化，舟山已有一定的基础

舟山已经成立中国（浙江）大宗商品交易有限公司、浙江舟山大宗商品交易所、浙江石油化工品交易中心、浙江海港大宗商品交易中心等围绕大宗商品交易的平台，各具特色，在现行体制下对大宗商品贸易—交易进行了有益、有效的探索。2016 年，大宗商品交易中心的线下大宗商品贸易额达到 436 亿元，已经有一定的基础。为在自贸区背景下发展保税大宗商品贸易—交易一体化工作提供了理论研究、人才储备、贸易支撑等各方面的保障。

（二）舟山发展油品贸易—交易一体化的不足

1. 贸易—交易一体化的支撑体系较为薄弱

由于舟山是地市级的城市，面向国际油品贸易—交易的服务支撑体系建设远远滞后，主要体现在金融配套能力弱、权限低、国际化程度低；油品贸易不活跃；企业规模小，基本以仓储类为主，全市目前有原油仓储企业 6 家，成品油仓储企业 11 家，成品油批发企业 18 家，成品油专项用户企业 3 家，燃料油非国有贸易企业 5 家，舟山海关保税油供应企业 4 家。以上这些造成舟山本地油品企业市场竞争力差（现有保税燃料油供应企业在国际上的竞争力也较弱），潜在市场尚未充分开发。

政府服务水平还有待进一步提高，如口岸通关及港口物流服务水平。舟山在这方面已有较多政策突破和监管创新，正式实施《进口油品相关企业分级管理工作规定》，并积极开展国际贸易"单一窗口"建设和保税燃料油加注"一口受理"窗口建设，但与新加坡相比，仍有较大劣势。法律

支撑体系不足。我国现行的法律法规与国际惯例不符或是空白，一些外商对参与浙江自贸试验区的发展心存疑虑，如仓单确权的法律认定是空白。

现有的人才数量与行业需求相比严重失衡，缺乏高端油品贸易交易人才及储备成为制约国际贸易—交易一体化发展的"瓶颈"。

2. 自贸区的基础设施建设滞后

浙江自贸试验区油品基础设施尚未完工。自贸区总体方案明确在舟山离岛片区布局形成大型油品储运基地，目前黄泽山油品储运基地项目一期工程即将建成，建设151万立方米油品储罐和30万吨级的四座码头及相应的配套设施，无法满足浙江自贸试验区内近期内油品贸易—交易储运、混兑的需求。

3. 综合物流体系规划有待进一步提升

舟山油品仓储设施布局较为分散，大多数规模偏小，且各作业区的集疏运、生产组织、信息沟通等方面处于各自为政的局面，设施共享率很低，管网互联互通工作有待进一步加强。30万吨级能停靠VLCC的公用码头目前还没有，制约了油品贸易—交易的发展。另外，公路、水路、铁路各自规划，综合物流体系有待进一步加强，特别是建设集公路运输、水路运输（码头）、管网和铁路运输于一体的综合物流园区规划尚未提上议事日程，全市难以形成规模效应，削弱了市场竞争力。

四、浙江自贸试验区推进油品贸易— 交易一体化工作的实施路径

（一）推进油品贸易—交易一体化发展的实施路径

1. 确定自贸区交易发展的核心平台

目前在交易中心注册的，经省政府批准的交易平台有"4+1"家，即

中国（浙江）大宗商品交易中心有限公司、海港大宗（隶属省海港集团）、浙江石油化工交易中心（隶属省物产集团）、浙江大宗商品交易所（2011 年设立，股权涉及舟山市政府、省海港集团、央企及民企）及浙江船舶交易市场（隶属省海港集团）。建议按照国务院批复的浙江自贸试验区总体方案为总则，确定中国（浙江）大宗商品交易中心有限公司为自贸试验区的核心交易平台，由省政府或省自贸办牵头对目前的涉及省属企业的交易平台与中国（浙江）大宗商品交易中心有限公司进行整合。

2. 集聚更多有活力贸易主体落户

推出集聚贸易的实施方案。吸引跨国公司亚太地区总部或营运总部集聚；吸引国内大的贸易公司总部集聚；吸引国际投资、金融机构等在自贸区集聚；鼓励跨国公司建立亚太地区总部，比照上海自贸试验区的经验并适当降低标准，建立整合贸易、物流、结算功能的营运中心，探索与营运中心从事离岸业务相适应的所得税政策（如借鉴新加坡的做法，通过产业基金的方式予以优惠）。借鉴新加坡总部认定方法，提高自贸区总部认定的便利性和灵活性，建议自贸区内所有总部型机构都能参照地区总部享受相关便利政策（新加坡吸引外资主要考量企业贡献，如申请全球贸易商计划的四大关键指标：申请人在新加坡的全盘商业计划及其经济贡献；申请人为新加坡提供的贸易人才培训及培养贸易专业人才；申请人使用新加坡有关基础设施和服务，如贸易和物流服务，仲裁及其其他服务相关服务；申请人在新加坡设立的银行账户并使用相应金融服务）。

3. 进一步促进人才国际流动

探索开放外国人实习签证，适当延长跨国公司总部机构外籍高管或高级技术人员的工作签证。

4. 大力推动贸易公共平台建设

起点顶层设计，充分利用自贸区制度创新优势和"离岸交易"定位。以新加坡为对标方向，现货贸易—公开市场报价—纸货市场—场外市场交易（OTC）—中央对手方清算五大任务为总体框架，分步实施。建设大宗商品交易的国际版，实行"双币种"挂牌，在传统现货交易基础上（主要是挂牌交易、竞价交易、拍卖），在有一定交易量的情况下引入一定的流动性，前期不引入国内个人投资者，探索开展中远期交易，纸货交易；研究场外 OTC 交易。首先开展保税仓单融资及保税仓单流转（交易）；视情况推出纸货交易及掉期、回购、基差等金融衍生交易；大力推进供应链融资业务；按照海关总署的要求完成"仓单第三方公示系统"建设并投入运营；对标新加坡普氏公开市场，引进具有行业权威性的油品（大宗商品）报价公司，推出油品的"舟山价格"。

5. 推进电子商务平台建设

积极推进自贸区跨境电子商务市场的建设，完善跨境电子商务公共服务平台，优化报关、检验检疫、结汇、退税和统计等环节的监管和服务，建设综合性跨境贸易电子商务支付平台，逐步扩大跨境电子商务进出口规模。

6. 适当建设燃料油配套加工企业

为解决目前舟山船用燃料油价格高于新加坡、价格竞争不强等问题，建议在鱼山岛规划中增加"原油处理中心"或"船用燃料油"处理中心的功能，解决油品提供、降低价格，切实提高舟山保税燃料油的供应能力和市场竞争力。

（1）理顺大宗商品交易中心与舟山综合保税区的功能定位。

（2）新增保税燃料油加注资质企业。先期审批时，大宗商品交易中心提前介入，以线上交易为审批条件。新增原油进口资质审批时，建议由中国（浙江）大宗商品交易中心有限公司参股，使舟山得到原油牌照资源红利，也使贸易上线，从而集聚国内外中心经销商集聚舟山。

（3）加强招商引资力度。

（4）重点明确，分工清晰。大力引进国有银行的海外合作机构及参控股银行，如南非标准银行、工银国际、中银国际等在自贸区设立分支机构，开展投资银行业务及离岸金融业务；国际大宗商品贸易商，如 BP、SHELL、摩科瑞、嘉能可、托克等；世界 10 大石油公司，如沙特国家石油公司、委内瑞拉国家石油公司、伊朗国家石油公司等。

（二）强化油品贸易—交易一体化发展的政策建议

（1）努力争取在浙江自贸试验区下放成品油的国内批发审批权，如不成功，可试点优化成品油国内批发经营资质审批流程，为浙江自贸试验区提升审批效率，优化资质申请条件。

浙江自贸试验区总体方案提出："支持自贸试验区企业积极开展油品离岸和在岸贸易。简化成品油批发资质条件，支持开展成品油内贸分销业务，逐步搭建成品油内贸分销网络。"浙江自贸试验区油品全产业链发展必须聚集大量油品贸易商，但是按照目前商务部相关规定，油品贸易商必须在开展业务的属地拥有自有油库，才能申请相关资质。因此，应将自贸试验区内相关企业的成品油国内批发资质审批权限下放给自贸试验区管委会，并同意对成品油国内批发资质降低申请条件开展试点。

（2）赋予浙江石油化工有限公司和浙江自贸试验区内符合条件的贸易企业成品油出口资质和配额，在不超过全国现有总量的前提下，开展成品油出口业务。

浙江自贸试验区总体方案提出："赋予自贸试验区内符合条件的油品加工企业原油进口资质和配额，给予原油进口使用权。"浙江石油化工有限公司4000万吨炼化一体化项目一期2000万吨将于2018年底投产，原油非国有贸易进口资质和配额及使用权问题已经迫在眉睫，应尽快得到落实。同时，由于国内成品油供大于求，建议在不超过全国现有成品油出口总量的前提下，赋予浙江自贸试验区内符合条件的贸易企业成品油出口资质和配额，进一步解决成品油出口问题。

（3）创新成品油等大宗商品期现结合交易方式，支持浙江自贸试验区与上海期货交易所共同建设以油品为主的大宗商品现货交易市场，开展成品油等大宗商品现货交易，条件成熟时开展期货交易。

浙江自贸试验区总体方案提出："建设国际油品交易中心。依托中国（浙江）大宗商品交易中心，开展原油、成品油、保税燃料油现货交易，条件成熟时开展与期货相关的业务。"浙江自贸试验区要打造国际油品交易中心，必须重点发展价值链最高端的贸易交易业务，重点对标国际现货交易市场通行做法，依托上海期货交易所这个平台，创新开展成品油等大宗商品期现结合交易方式。同时，争取允许境内外行业内企业进入交易市场并开展交易业务。争取引入上海清算所设立分支机构。

（4）放宽外汇账户资金进出限制，支持建立符合浙江自贸试验区特色的自由贸易账户体系，参照上海黄金交易所、上海国际能源交易中心原油期货的外汇管理模式，实行专户管理、封闭运行。中远期模式下，在外汇资金结算等方面给予支持，资金能够自由划转。加快落实国发〔2018〕38号文中提到的"允许银行将自贸试验区交易所出具的纸质交易凭证（须经交易双方确认）替代双方贸易合同，作为贸易真实性审核依据"。

浙江自贸试验区总体方案提出："允许自贸试验区内从事油品等大宗商品为主的交易平台或交易所在约定的商业银行设立贸易专用账户，存放大宗商品交易保证金。"这也是开展大宗商品现货交易的基础条件。浙江自贸试验区内大宗商品交易场所可参照上海黄金交易所、上海国际能源交易中心原油期货的外汇管理模式，实行专户管理、封闭运行。中远期模式下，在外汇资金结算等方面给予支持，资金能够自由划转。

（5）推动大宗商品人民币计价、结算中心落户自贸试验区。大宗商品人民币计价、结算受国与国政治关系以及国际经济金融形势影响较大，同时，贸易结算地选择是企业行为，通常在报关区域就近结算。因此，浙江自贸试验区要落实国发〔2018〕38号文中提到的"推动与大宗商品出口国、'一带一路'国家和地区在油品等大宗商品贸易中使用人民币计价、结算，引导银行业金融机构根据'谁进口，谁付汇'原则办理油品贸易的跨境支付业务，支持自贸试验区保税燃料油供应以人民币计价、结算"内容，并将成品油贸易进口安排向浙江自贸试验区集聚。同时，恳请支持更多银行在自贸试验区设立分行等分支机构，引导银行金融机构将油品贸易的跨境支付吸附在自贸试验区。

（6）支持拓宽自贸试验区跨境人民币回流渠道。拓宽自贸试验区跨境人民币回流渠道，增加人民币金融资产供给，满足境外人民币资金投资需求，有利于吸引集聚成品油贸易企业在自贸试验区集聚，加快形成离岸石油人民币资金在浙江自贸试验区聚集，逐步形成"人民币—石油等大宗商品—人民币计价金融资产"循环。因此，必须积极研究扩展离岸石油人民币投资境内人民币金融资产的品种与范围，同时需要国家有关部门针对浙江自贸试验区成品油等大宗商品贸易交易产生的境外人民币，制定出台境外人民币投资国内资本市场的相关政策，增加人民币金融资产供给。

五、相关政策保障

（一）完善以负面清单管理为核心的投资管理制度

抓紧落实上海、天津等自贸试验区已经实施的政策在舟山落地，针对上海自贸试验区等政策难以操作，不够细化或碎片化的政策，我们要认真梳理出台更细化的、可运作的、系统性的方案办法。特别是人民银行、外管局及银监会出台的针对上海、天津等地自贸试验区的各项金融政策。

（1）进一步缩减完善负面清单。通过对照国际通行规则，张弛有度地"瘦身"负面清单。例如，在制造业领域进一步解除化工等一般制造业的外资准入限制，包括外资在政策、资本、股权比例、经营范围方面的限制。

（2）推行负面清单变动程序的透明化，接轨国际，发挥社会组织的推动作用，增加设计负面清单的法律法规修改过程透明度。

（3）完善内外资一致的市场准入制度，一方面，对于国内企业，应让民营企业与国有企业在市场准入、融资、经营许可等方面享受同等待遇；另一方面，对外资企业应避免在负面清单之外的行业另行设置行业准入审批，特别是外资银行准入标准、国外合格投资人在自贸区平台大宗商品交易平台投资、交易等限制。

按照舟山的实际情况，推动国家发展改革委调整《外商投资产业指导目录》，将油品的混兑从限制类项目中调整为一般类。

先行先试，高起点谋划"舟山价格、舟山指数"的体系建设，强化油品贸易—交易一体化的交易政策保障。在国内对各类交易场所进行清理整顿的大背景下，国家、省政府相继出台的一些监管制度，与国际惯例不符，需要我们在风险可控的条件下，在中国（浙江）自由贸易试验区内暂停实施这些文件，或允许先行先试。

给予中国（浙江）大宗商品交易中心有限公司中央对手方清算资质或由省自贸办牵头与上海清算所谈判，引入上海清算所与中国（浙江）大宗商品交易中心有限公司在自贸试验区合资成立具有中央对手清算资质的清算公司。

尽快同步开放行业市场准入与行业许可，主要是保税燃料油加注资质的申请条件及审批、原油2~3家的申请条件及流程等细化。

深化商事等级制度改革；加快"多证合一"推进步伐，开展"一照一码"和电子营业执照试点。建立外商投资企业"一口受理、五证联办"机制，缩短外商投资企业准入和经营许可办理时间。

（二）完善以贸易便利化为重点的贸易管理制度

在海关总署批准的支持浙江自贸试验区的25条实施意见外，加快实行便捷的海关通关模式，建议探索以下制度：一是预裁定制度，对原产地管理实施预先裁定，提高企业申报的便利度；二是预审查制度，在"先进区，后报关"的基础上，进一步实施货物到达舟山前（或相关进口手续完成前）即可在自贸区海关提交进口申报文件，提前进行海关审查；三是通关后审计制度，在完善风险评估规范运作，提升外部审计的纸质单证和现场审计能力的基础上，实行通关后审计制度；四是提前放行制度，在货物符合要求和企业提供的计税所需基本信息完整的条件下，探索通关和放行分离，提前放行；五是加强风险管理，以实现贸易便利化与实行有效监管为目标，把风险管理作为贸易监管的重要环节，形成"一个系统、一套指标、一项机制"的风险管理体系框架，探索"境内关外"的管理模式。

（1）第三方检验结果采信。推进与相关国家检验检疫证书联网核查，提高证书核查效率。本着"管检分离、合格假定、强化事中事后监管"原则，检验检疫机构采信符合资质的第三方检验机构的检测结果，作为检验检疫放行的依据。争取在浙江自贸试验区内放开外资认证认可，支持国际检验检测机构〔瑞士通用公证行（SGS）、英国英之杰检验集团（IITS）等〕在区内设立分支机构并开展业务。加快制定油品贸易—交易行业标准，如船用燃料油的质量标准，燃油测量公司的认证，抽样程序和定量、测量程序。引进第三方检测公司，加快推出保税燃料油加注标准船型，燃料油数量、质量争端解决机制。

（2）中转货物产地来源证管理。对于中转出口油品，依照对外贸易的需要，根据其实际原产地，签发中转证明，可进行换证、分证、并证操作。

（三）创建与自贸区油品贸易—交易一体化相适应的金融服务体系

（1）加强银行业服务的提升。出台自贸区金融机构的考核体系；审批国内金融机构在自贸区设立分支机构时，要有所倾向性，针对油品贸易—交易的特点，自贸区金融机构应以投行业务为主，对标国际惯例开展业务；梳理总行规定的开展油品贸易—交易限制性条款，如油品在有的商业银行总行贸易批发类项下，对煤炭、铁矿石等设置为限制类，对油品是单设（允许），2018 年则列为限制类（以交通银行为例）。要求各自贸区银行在积极开展传统贸易性融资、结构性融资，项目融资、银团贷款、贸易融资等传统业务的同时积极拓展新型融资业务，如融资/商品保值、衍生品交易、保险、投资管理、咨询业务等商业银行和投资银行业务。研究开展结构化大宗商品产品，如货押融资、预付款融资、商品资产融资、出口前融资、商品回购、套期保值保证金融资等业务。

（2）建立与油品贸易—交易一体化的外汇管理模式。允许自贸区管理机构认定的交易场所出具的交易凭证作为外汇结售汇的依据，在中远期模式下，允许交易商对交易盈亏、缴纳手续费、交割货款或补充结算资金缺口等资金能够自由划转。允许自贸区内的企业与自贸区内的银行或境外经纪公司开展外盘期货套期保值业务，并允许就期货保值盈亏进行自由购汇、结汇、收汇、付汇。允许区内企业转口贸易项下错币种收付汇，允许转口贸易先支后收。允许在国际原油转口贸易中融资与结算过程按照国际惯例接受 LOI（购买意愿书）加单据复印件作为货转凭证。允许保税仓单、有价证券等可作为交易保证金使用。

（3）加快发展离岸金融业务。放宽国内外金融机构开展离岸金融业务的准入资格，争取更多的离岸金融机构入驻。明确金融机构的准入及运营要求，金融行业政策采取负面清单模式，对进入自贸区的金融机构特别是开展离岸金融业务的机构，取消资本金数量、来源地和股权比例等歧视性或差别性政策待遇，除遵守银监会关于金融机构资本充足率的要求外，对区内从事离岸业务的银行不应设置更多的流动性要求。

（4）允许自贸区内企业设计两个资金池——国际资金池和国内资金池。二者之间设计有互联互通的管道，从而实现外汇资金集中运营，以便建立跨国企业的全球资金管理中心，这样实现的贸易就是订单和资金环节在舟山完成，货物不必经过舟山港。明确资金池流入的资金，会计如何记录、如何计税、资金在境内产生的利息归属于境外还是境内，这些后续操作问题需要明确规范。

（5）积极争取外债宏观审慎管理改革。支持注册在自贸区内的中外合资企业、非银行金融机构以及其他经济组织可按规定从境外融入资金。推动统一的内外资外债政策，进一步建立健全外债宏观审慎管理制度，促进对外融资便利化。

（6）推动利率市场化改革，实现自贸区内大额可转让存单发行。培育与实体经济发展相适应的金融机构自主定价机制，逐步推进利率市场化。在自贸区管理办法内明确将区内符合条件的金融机构纳入优先发行大额可转让存单的机构范围，在区内实现大额可转让存单的发行。

（7）加快保险业务创新发展。支持设立自保、相互制保险、互联网保险等新型保险机构和再保险、航运保险、责任保险等专业保险机构。

（8）完善自贸区背景下统计制度的设计，逐步与国际接轨；完善统计标准和统计口径，建立符合国际标准准则的统计体系，研究统计指标体系研究和应用，建立统计公告的月度、季度和年度定期发布制度，提供基本数据与分析报告，为政策制度和企业发展提供准确的参考。

（四）建立符合国际惯例的税收制度

推动自贸区建立境外股权投资、离岸业务发展的税收制度。参照国际通行做法，允许自贸区内企业选择按照国别（地区）分别计算，或者不按国别（地区）汇总计算其来源于境外经营活动的应纳税所得额，并按照规定分别计算其可抵免境外所得税税额和抵免限额。

（五）理顺自贸区管理体制机制

自贸区管委会与市政府的关系有待理顺。管委会作为省级派出机构与市政府，虽然目前合署办公，但两者的法律地位、职权职责都不尽相同，需要进一步明晰权责，形成合力。

浙江自贸试验区涉及舟山行政区域内 11 个地方、功能区块及部门。现在，在叠加自贸试验区功能后，各层级之间如何形成一套权责分明的管理体制机制需要明确。

（六）完善自贸试验区制度创新的法制保障

加强地方立法工作。建立浙江自贸试验区的执法和行政行为标准，完善自贸试验区内行政执法程序；出台相关的法律法规，对浙江自贸试验区管委会的性质、定位、功能、机构设置、权限、职责等予以明确，规范其日常管理运作，完成仓单确权的法律解释、自贸区转口贸易管理规定、自贸区大宗商品交易场所管理规定、自贸区信息公开管理规定、自贸区仲裁管理规定、自贸区法院商事审判流程。

（七）完善自贸试验区的人才保障体系

结合上海自贸试验区、福建自贸试验区、广东自贸试验区等地人才政策，出台浙江自贸试验区集聚人才的政策，如给予一次性奖励、落户、购房、准国民待遇、医保社保等各方面的措施，吸引人才集聚。

（八）相关扶持政策

对标新加坡，内锚地加油船舶免征吨税；给予海上供油船舶、加油船舶的船舶港口规费、引航费（港航局）、船舶港务费（海事）及海关、边检、检验检疫等管理部门的收费予以优惠。

由市财政牵头，设立大宗商品发展基金，对认定油品总部或亚太总部的企业给予一次性奖励政策，给予企业高管免征个人所得税；对税收到达一定规模的企业实行财政奖励政策。

第五章　企业视角下舟山大宗油品贸易高质量发展路径

一、发展舟山大宗油品贸易的背景

（一）舟山地理位置介绍

舟山对外与大阪、神户、长崎、高雄、釜山等亚太新兴港口呈扇形辐射之势，对内地处长三角中心区域，把守祖国东海门户。海域内拥有众多优良的港口和岛屿，并且是港群的中心地带。航道众多，水深流稳，终年不冻，主航道可通行 20 万～30 万吨级巨轮。据统计，舟山拥有 2444 千米的海岸线，多达 50 多处可锚泊 10 万吨级船舶的锚地，同时 5 处锚地可锚泊 30 万吨级船舶。由此可见，舟山得天独厚的地缘优势是进行大宗商品交易的理想之地。舟山还有独特的海洋产业优势。舟山的海洋产业十分丰富，形成包括海洋渔业、海洋运输业、临港工业、港口物流以及新型的海水淡化产业在内的六大海洋产业体系。其中，港口物流业尤其发达。

＊ 课题负责人：王洪清。

首先，舟山地处江浙沿海地带及长江三角洲中下游一带，这块区域相对我国绝大多数城市，更具备较成熟的经济市场，经济发达，对各类大宗商品尤其是油类、矿类以及大豆的需求较大。其次，从 2012 年 9 月国务院批准设立舟山港综合保税区到 2017 年 2 月自由贸易港区最终"落槌"，自贸试验区建设进入试点探索的新阶段。自由贸易港区功能齐全、手续简便、优惠政策众多，为大宗商品交易的发展提供了坚实的现实基础。舟山新区的开发与建设被提升为国家发展战略，对舟山的全面发展、构建国际物流中心具有相当大的推动作用。同时，作为上海国际航运中心以及上海—舟山—宁波组合港的组成部分之一，也为舟山发展大宗商品交易提供了有力的支撑。

（二）舟山经济介绍

"十二五"以来，舟山市加快推进实施舟山群岛新区发展规划和三年行动计划，全市经济社会保持平稳较快发展态势，完成了新区发展"打基础、重谋划、增后劲"的阶段性任务。一是战略地位明显提升。舟山开发开放上升为国家战略，国务院同意设立浙江舟山群岛新区，批复新区发展规划，建立新区部省级联席会议制度。省委、省政府设立新区党工委、管委会，出台推进新区建设若干意见，实施新区建设三年行动计划，下放多批省级经济管理事项和权限。新区建设框架初步拉开，舟山江海联运服务中心、绿色石化基地、中国（浙江）大宗商品交易中心等重大功能性平台工程落户。二是综合实力稳步提升。2015 年，全市 GDP 达到 1095 亿元，"十二五"期间年均增长（以下简称年均增长）9.9%，增速居全省首位。人均 GDP（按常住人口计算）超 1.5 万美元。全市一般公共预算收入达到 112.7 亿元。5 年累计完成固定资产投资 3947 亿元。三是海洋经济提质增效。全市海洋生产总值年均增长 11.8%，高于 GDP1.9 个百分点，占 GDP 比重达到 70.0%，比 2010 年提高 2 个百分点。舟山港域港口货物吞吐量达到 3.79 亿吨，金塘大浦口集装箱码头开港运营，7 家企业进入全国造船行业"白名单"，成功举办国际海岛旅游大会，国际邮轮港正式开港，国家远洋渔业基地建设加快推进。四是改革开放不断深化。实施"三强三优"新区行政体制创新，设立 5 个经济功能区，市政府工作部门、市级事业单位分别精简 26.5% 和 32.1%。"四张清单一张网"建设成效良好，"大市场"监管、陆上综合执法、海上综合执法等改革走在全国前列，基本完成渔农村股改任务，"一综多专"国有投融资体系初步建立。舟山港综合保税区获批并封关运作，保税燃料油供应中心取得突破，老塘山港区成为全国首批进口粮食指定口岸。舟山市"十二五"经济社会发展主要指标完成情况如表 5-1 所示。

表 5-1　舟山市"十二五"经济社会发展主要指标完成情况

分类	指标名称	2010 年基数	2015 年实际	年均（%）
经济总量	GDP（亿元）	645.1	1095	9.9
	人均 GDP（万元）	5.84	9.53	—
	财政总收入（亿元）	98.53	159.6	10.1
	地方财政收入（亿元）	61.04	112.7	13.1
	固定资产投资（亿元）	402.7	五年累计 3947	23.3
	外贸进出口总额（亿美元）	107.3	117.0	1.7
	规上工业总产值（亿元）	989.1	1681.9	11.2
	港口货物吞吐量（亿吨）	2.21	3.79	11.4
	旅游接待人数（万人次）	2139	3876.2	12.6
	旅游总收入（亿元）	201.2	552.2	14.2
转型升级	海洋经济总产出（亿元）	1436	2653	13.2
	海洋生产总值（亿元）	431	766	11.8
	第三产业增加值占 GDP 比重（%）	45.1	48.4	—
	R&D 经费支出相当于 GDP 比重（%）	1.22	1.50	
社会民生	常住人口城镇化率（%）	63.6	66.9	
	城镇居民人均可支配收入（元）	26242	44845	10.7
	渔农村居民人均可支配收入（元）	14265	25903	12.0
	新增城镇就业人数（人）	—	五年累计 57160	—
	渔农村富余劳动力转移就业人数（人）	—	五年累计 22465	—

分类	指标名称	2010年基数	2015年实际	年均（%）
社会民生	城镇登记失业率（%）	2.9	2.91	—
	新增劳动力平均受教育年限（年）	13	14.6	—
	高等教育毛入学率（%）	52.37	63.83	—
	城镇职工及城乡居民养老保险参保人数（万人）	63.08	72.1	—
	城镇基本医疗保险参保人数（万人）	41.78	95.69	—
	城镇保障性安居工程建设（套）	—	五年累计建成26608	—
	人口自然增长率（‰）	—	年均-0.45	—
	人均期望寿命（岁）	78.21	79.8	—
	亿元GDP生产安全事故死亡率（人/亿元）	0.2	0.092	—
生态文明	单位GDP能耗（吨标准煤/万元）		五年累计下降16%	—
	单位工业增加值用水量（立方米/万元）	22	16.1	—
	单位GDP二氧化碳排放量（吨/万元）		符合省要求	
	化学需氧量（万吨）	1.95	五年累计削减13%	—
	氨氮排放量（万吨）	0.23	五年累计削减12.3%	—
	二氧化硫排放量（万吨）	1.63	五年累计削减15%	—
	氮氧化物排放量（万吨）	1.98	五年累计削减9.66%	—
	耕地保有量（万亩）		36.2	—
	林木蓄积量（万立方米）	75	90	—

注：①GDP、海洋生产总值、海洋经济总产出增速按可比价计算；②自2013年起，城乡居民收入、地方财政收入、旅游总收入等指标名称及统计口径发生变化，"十二五"期间年均增速实行分段计算；③城镇基本医疗保险参保人数指标调整为全市基本医疗保险参保人数（包括职工和城乡居民）；④R&D经费支出相当于GDP比重、人均期望寿命、单位生产总值能耗、主要污染物减排等指标2015年数据为预计数。

（三）中国（浙江）自由贸易试验区介绍[①]

1. 实施范围

浙江自贸试验区的实施范围119.95平方千米，由陆域和相关海洋锚

[①] 根据中国（浙江）自由贸易区官网 http：//www.china-zsftz.gov.cn 资料整理。

地组成，涵盖三个片区：舟山离岛片区 78.98 平方千米（含舟山港综合保税区区块二 3.02 平方千米），舟山岛北部片区 15.62 平方千米（含舟山港综合保税区区块一 2.83 平方千米），舟山岛南部片区 25.35 平方千米。

2. 战略定位

以制度创新为核心，以可复制可推广为基本要求，将自贸试验区建设成为东部地区重要海上开放门户示范区、国际大宗商品贸易自由化先导区和具有国际影响力的资源配置基地。

3. 发展目标

经过 3 年左右有特色的改革探索，基本实现投资贸易便利、高端产业集聚、法制环境规范、金融服务完善、监管高效便捷、辐射带动作用突出，以油品为核心的大宗商品全球配置能力显著提升，对接国际标准初步建成自由贸易港区先行区。

4. 舟山离岛片区

舟山离岛片区共 78.98 平方千米；鱼山岛重点建设国际一流的绿色石化基地，鼠浪湖岛、黄泽山岛、双子山岛、衢山岛、小衢山岛、马迹山岛重点发展油品等大宗商品储存、中转、贸易产业，海洋锚地重点发展保税燃料油供应服务。

5. 舟山岛北部片区

舟山岛北部片区共 15.62 平方千米，东至梁横岛，南至沙外线，西至大成一路，北至新港 15 路。本区域由舟山经济开发区区块和舟山港综合保税区区块一组成，重点发展油品等大宗商品交易，保税燃料油供应，航空产业、石油石化产业配套装备保税物流、仓储、制造等产业。

6. 舟山岛南部片区

舟山岛南部片区共 25.35 平方千米，东至 329 国道朱家尖段，南至海域，西至惠民桥，北至东港塘头。舟山岛南部片区由新城区块、小干岛区块、沈家门区块、东港区快、朱家尖区块和相关海域组成，重点发展大宗商品交易、航空制造、零部件物流、研发设计及相关配套产业，建设舟山航空产业园，着力发展水产品贸易、海洋旅游、海水利用、现代商贸、金融服务、航运、信息咨询、高新技术等产业。

（四）发展舟山大宗油品贸易的意义

建立中国（浙江）自由贸易试验区是党中央、国务院做出的重大决策，是新形势下全面深化改革、扩大开放和提升我国资源配置全球竞争力的重大举措。进一步解放思想、先行先试，以开放促改革、促发展，为新形势下推动大宗商品贸易自由化发挥示范引领作用，努力营造法治化、国际化、便利化营商环境，为全面深化改革和扩大开放探索新途径、积累新经验，发挥示范带动、服务全国的积极作用。将自贸试验区建设成为东部地区重要海上开放门户示范区、国际大宗油品贸易自由化先导区和具有国际影响力的油品资源配置基地。对接国际标准初步建成自由贸易港区先行区。

二、舟山大宗油品贸易现状

（一）舟山大宗商品贸易种类

2011 年 7 月 8 日，舟山市人民政府发起成立浙江舟山大宗商品交易所。目前，舟山大宗商品交易所在能源化工、有色金属、农林牧渔三大板块上线交易近 40 个产品，2015 年交易额约 1.4 万亿元，在全国现货类交易场所影响力日益提升。

（二）舟山大宗商品空间布局

浙江自贸试验区的实施范围 119.95 平方千米，由陆域和相关海洋锚地组成，涵盖三个片区：舟山离岛片区 78.98 平方千米（含舟山港综合保税区区块二 3.02 平方千米），舟山岛北部片区 15.62 平方千米（含舟山港综合保税区区块一 2.83 平方千米），舟山岛南部片区 25.35 平方千米。

（三）舟山大宗油品重点项目和企业[①]

1. 舟山离岛片区重点项目

舟山离岛片区包括鼠浪湖岛矿石中转码头、马迹山岛矿石中转码头、黄泽山油品储运贸易基地、双子山油品储运贸易基地和舟山绿色石化基地。

（1）鼠浪湖岛矿石中转码头。项目年设计通过能力 5200 万吨，建设 30 万吨级卸船码头一座，布置 2 个 30 万吨级矿石船泊位，能满足 40 万吨和 15 万吨级矿石船同时靠泊作业的要求。港区陆域总面积约为 120 公顷，布置矿石堆场、生产、生活辅助设施等功能区，堆场能力为 600 万吨。

（2）马迹山岛矿石中转码头。项目总设计年通过能力 4500 万吨，一、二期分别于 2002 年和 2007 年建设投产。项目建设 25 万吨级（兼靠 30 万吨）卸船泊位 1 个，泊位长度为 456 米，年设计通过能力 1500 万吨；30 万吨级卸船泊位 1 个，泊位长度为 431 米，年设计通过能力 1500 万吨；5 万吨级装船泊位 2 个，泊位长度分别为 276 米和 535 米，年设计通过能力均为 700 万吨；1 万吨级装船泊位 1 个，年设计通过能力 100 万吨。堆场能力为 326 万吨。

（3）黄泽山油品储运贸易基地。2016 年 12 月 28 日，浙江省政府在杭州举行舟山江海联运服务中心推进会暨重大项目签约仪式，省海港集团、摩科瑞能源、舟基集团、浙江寰宇能源等黄泽山油品贸易储运基地项目投资主体签约达成投资框架协议，总投资额 180 亿元。黄泽山岛位于衢山本岛北侧，距上海芦潮港 32 海里，日本港口 600 海里，韩国港口 300 海里。该岛紧邻上海洋山进港国际航道，水运交通四通八达，区位优势明显；港区岸线资源丰富，离岸 100 米平均水深在 20 米以上。项目规划：陆域可

---

① 根据中国（浙江）自由贸易区官网 http：//www.china-zsftz.gov.cn 资料整理。

开发面积2800亩，其中需围垦630亩；可布置油品储罐总容量1450万立方米，其中地下洞库750万立方米。可布置45万吨泊位2个、30万吨级泊位2个、1万~12万吨级泊位若干。建设至大小鱼山单向管线50千米。

（4）双子山油品储运贸易基地。双子山岛位于衢山本岛北侧，南距衢山本岛约3千米，北距黄泽山岛约2千米。国际航线穿越其境，30万吨级船舶可全天候通航，是实现超大型油品运输船接卸的理想选址。项目规划：双子山岛陆域可开发面积5100亩，其中需围垦4400亩。可布置30万吨级泊位2个、2万~12万吨级泊位若干。建设至黄泽山岛际双向管线5千米。项目分二期实施，其中一期拟围垦形成陆域2500亩，可建地面储罐750万立方米；二期拟围垦形成陆域2600亩，可建地面储罐800万立方米。双子山围垦一期工程已正式启动前期工作。陆域储罐建设目前尚处于招商阶段，未有具体时序安排。招引方向：基地拟按照国际通行的贸易规则，主要发展油品储存、中转、贸易产业，重点引进国内外知名油品贸易企业按照国际标准建设油品接卸泊位、储运罐区、输油管道等设施，逐步打造成为以原油、成品油为重点，承接全球资源，面向亚太市场，满足国内外需求的大型油品储运贸易基地。

（5）舟山绿色石化基地。此建设是国家在舟山的重大战略布局，是实践"一带一路"倡议构想的现实举措，是舟山自由贸易港区建设的核心项目。2015年2月，国家发改委复函同意在舟山鱼山岛及其周边区域开展舟山石化基地的规划布局工作。同年7月，浙江省人民政府设立舟山绿色石化基地。基地围绕"国际领先、绿色生态、安全高效"的目标定位，以大、小鱼山岛为核心进行围垦，规划总面积41平方千米，分近、中、远三期开发。近、中期将重点开发25平方千米，建成具有4000万吨/年炼油规模及中下游精细化工产业的炼化一体化项目，总投资约1685亿元，预计投产后年工业总产值将达到4120亿元，可以有效带动地方及周边经济发展，并保持长期稳定增长。

2. 舟山岛北部片区重点项目

舟山岛北部片区包括浙江远东进口海盐加工项目、舟山港综合保税区国际进口商品城、新奥舟山 LNG 项目、卧龙铜精矿项目和杰隆集团大型生物饲料项目（一期）。

其中，新奥舟山 LNG 项目，到 2020 年，新增 LNG 专用泊位 5 个（其中万吨级 LNG 专用泊位 3 个），新增年设计吞吐能力 950 万吨。

3. 舟山岛南部片区重点项目

舟山岛南部片区包括国际水产城增资扩建项目、波音飞机完工及交付中心、千岛中央商务区。千岛中央商务区与舟山本岛隔海相望，毗邻新城核心区，规划总用地面积 5.38 平方千米，总建筑面积约 400 万平方米。由舟山市人民政府和中国交通建设股份有限公司战略合作开发，总投资 500 亿元，着力打造成集金融、航运服务、总部经济、邮轮旅游、商业商贸、会议会展、新兴产业于一体的中国（浙江）自由贸易试验区核心商务区、江海联运服务中心核心服务区和海上金融商务区。项目位于商务区东部休旅游憩板块，规划建筑面积 3.5 万平方米。该项目利用原村落自然风貌，打造成为具有舟山特色的历史文化精品村落，建成后可以满足企业办公、外商创业、商业、住宿餐饮、办证服务等功能需求。

（四）大宗商品贸易交易平台和商业模式

1. 大宗商品贸易交易平台

大宗商品交易平台不只是一个交易场所，还是一个综合信息服务平台，是信息流汇聚、整合和发布的场所。市场除了将自身产生的交易信息及时向外界公布外，还有专门的信息收集和分析人员，将有关行业的国内外市场供求信息、海关信息以及相关商品的运输信息进行整合、分析，为客户经营决策提供参考。同时，各市场根据交易商品区域的分布，设有委托的定点仓库和合作的物流企业，为客户提供实物交收服务逐步实现网上交易、就近交收。

根据我国现有的大宗商品交易平台，我们可以将大宗商品交易平台大致分为大宗商品交易有限公司、大宗商品交易所和大宗商品批发市场，如天津考尔煤炭交易市场有限公司、北京大宗商品交易所和吉林玉米中心批发市场。其中，天津考尔煤炭交易市场有限公司将煤炭的现货贸易与中远期交易相对接，为煤炭企业提供牌交易和竞价买卖等平台，大力发展煤炭现货贸易。同时为入市会员企业提供企业发展基金，并在现货中转地、生产地设立多处交收仓库，为现货贸易提供有力的支持，为煤炭相关企业提供更先进、更简便、更有效的货物购销流通渠道。北京大宗商品交易所是集商务流、信息流、资金流于一体的国资控股电子交易平台。其主要功能是为交易商的商品采购与销售提供便捷高效的服务，扩大原有销售渠道，提高交易效率，降低交易成本和规避经营风险。吉林玉米中心批发市场是将电子商务技术与现货批发相结合的中远期现货交易市场，全电子化商务交易模式可以大幅度降低交易成本，减少工商企业的流通成本，使信息流、物资流和商流得到完美的统一。

比较以上大宗商品交易平台，可以发现它们的功能和目标的不同之处就是所经营的大宗商品类别有一定差异。我们把大宗商品台的功能定位为有机统一商流、物流、资金流、信息流，优化资源配置，促进市场繁荣。

中国（浙江）自由贸易试验区主要采用大宗商品交易所这种交易平台形式。2011年7月8日，浙江舟山大宗商品交易所（以下简称浙商所）正式注册成立，意味着中国（舟山）大宗商品交易中心建设取得重大进展。浙商所按公司化模式运作，注册资本1亿元人民币，注册地在舟山新城中昌国际大厦，主要负责组织石油化工品、煤炭、有色金属、铁矿石、钢材、纸浆、木材等大宗商品交易，提供交易资金结算、交割及相关咨询服务。公司股东为包括武钢集团、中国国电集团、沙钢集团、光汇集团、舟山港务投资发展有限公司、舟山市国有资产投资经营有限公司、温州港集团等大型央企、国内知名民营企业和市内相关企业在内的12家股东单位。当前品种包括船用油、电解镍、动力煤、山茶油、松脂、良姜、苹果等。在先行先试政策的指导下，浙商所将建成全国重要的大宗商品综合性交易中心、结算中心和物流中心。

2. 大宗油品贸易交易商业模式

按照规划，应在大宗商品交易场所开展成品油现货交易，开展成品油内贸分销业务，搭建成品油内贸分销网络；设立东北亚保税燃料油交易中心，依托经依法设立的大宗商品交易场开展液化天然气（LNG）现货交易。因此，目前中国（浙江）自由贸易试验区油品主要采用大宗商品电子交易模式。近年来，随着现代电子商务和互联网技术不断进步，大宗商品电子交易这种新型的交易模式在国内逐渐兴起。电子交易模式与各类大宗商品有着良好的契合度，但如何创建适合中国（浙江）自由贸易试验区大宗油品电子交易模式，达到创建浙江自贸区的目的值得我们探索。青岛国际橡胶交易市场的发展途径值得我们借鉴，即在前期应采用即期现货交易与中远期现货交易相结合的模式，再逐步增加中远期交易比例，最终在条件成熟时转型为专业化期货交易所。大宗商品电子交易市场需集信息流、资金流和物流服务于一体，舟山大宗油品交易所在选择交易模式时可以将这些服务有效地进行配置。此外，许多学者对现有大宗商品电子交易市场进行考察、深入调研，认为目前我国大宗商品电子交易市场存在监管缺失导致市场无序的问题。中国（浙江）自由贸易试验区大宗商品交易所的发展时间不足 10 年，但发展速度非常快，在各个需要监管的参与主体之间找到平衡点。

3. 大宗油品贸易高质量发展要求

习近平总书记关于高质量发展的重要论述，为浙江省自贸区经济下一步发展指明了方向，具有很强的时代意义和实践意义。

企业既是经济单元，需要追求经济利润，谋求自身发展，也是社会单元，需要承担社会发展的责任。因此，企业视角下的油品贸易高质量包括经济高质量和社会责任高质量。企业经济高质量主要体现在其经济利润方面。企业的经济利润由下列因素构成：

$$R = (QP - QC) \times (M_1 + M_2)/(N - M_2) \times k$$

式中，R 为公司获得的纯利润；Q 为销量；P 为油品单位销售价格；C 为油品单位销售成本；QP 为销售收入；QC 为销售成本；M_1 为企业自有资金；M_2 为企业借贷资金；K 为借贷资金利率。

下面的因素影响 Q、P、C、M_1、M_2、N 和 k 的数值和变化，其中的安全贸易还承担着社会责任。

其一，效率贸易。效率是效益的前提保障。贸易企业需要通过油品快速的购入和销售实现资金快速运转。资金运转通畅快速才可以获得利润，减少资金成本。除了资金流外，还需要物流便利化。比如优化服务，全面推进港口作业单证电子化，优化作业流程，能提升货物在港作业效率，深度推进"单一窗口"建设，密切关注船舶大型化、航运联盟化，也能提供物流效率。

其二，智慧贸易。舟山自贸区油品贸易高质量发展，未来发展应该由追随者向引领者转变，由规模扩张向本质提升转变，建设具有全球影响力、综合竞争力、资源配置能力的品牌港口运营商，完善全球港口服务网络，实现智慧贸易。

其三，安全贸易。油品是我国战略性物质，一旦出现油品泄漏或起火燃烧，企业损失就惨重，而且对海洋环境破坏巨大，难以修复。自贸区每年油品贸易量巨大，战略性储备巨大，加强油品安全管理，形成油品贸易功能完善、信息畅通、安全高效以及环境友好，与周边产业融合发展，实现共兴共融。

其四，一体化贸易。加强顶层设计和系统谋划，从更高层次、更广范围、更深维度推进自贸区油品一体化产业链发展，加强产业协作，充分发挥油品贸易企业"领头羊"作用，整合资源，加强上下游企业的分工协作，形成优势产业延伸。

其五，人才专业化。舟山自贸区面向国际市场，面对新形势、新要求、新挑战，自贸区企业发展壮大离不开具备创新理念、创新能力的高素质国际化专业人才；从高速增长向高质量转变的过程也是一个全球趋势，必须推动发展理念的转变，注重新发展理念；注重科技进步的作用，赢者通吃；注重提升外向型经济的质量；重视解决人的问题，关注人自身全面的发展。

其六，金融贸易。贸易资金来自自有资金和借贷资金，贸易利润高于借贷利润就有利可图。贸易企业资金借贷频繁，通畅便利的资金借贷越来越利于油品贸易往来。

三、舟山大宗油品贸易环境现状

（一）大宗油品贸易的产业体系

舟山大宗商品贸易的产业体系主要包括贸易商品系列、贸易商品信息体系、贸易商品物流体系、贸易商品延伸加工体系。舟山大宗商品贸易品种包括能源化工、有色金属、农林牧渔三大类。作为舟山能源化工产品的油品可以形成自己的产业体系。

1. 油品贸易规模

按照浙江自贸区发展规划，到2020年，形成49000万吨油品储存、年4000万吨石油炼化、500万吨保税燃料油供应能力，大宗货物年交易额达到5万亿元，以油品为核心的大宗商品全球配置能力显著提升；累计新增各类注册企业3万家，其中国际、国内知名企业200家，累计合同引进外资30亿美元以上，实际引进外资15亿美元以上。到2020年，舟山绿色石化基地炼化一体化项目二期竣工投产，将形成年炼油4000万吨、对二甲苯800万吨、乙烯280万吨生产能力，初步建成投资开放、上下游产业链完整的国际绿色石化基地。

2. 主要配套服务产业

（1）大力发展成品油内外贸分销网络和交易市场。建设东北亚保税燃料油交易中心；以保税燃料油供应服务为突破口，建设国际海事服务基地；到2020年，力争年保税燃料油供应量达到500万吨、外轮供应货值达到 8 亿美元、船舶交易额达到 60 亿元，基本建成以保税燃料油供应服务为核心，外轮供应服务、特色航运交易、船舶融资租赁和海事衍生服务全面发展的国际海事服务基地；鼓励自贸试验区石化企业生产保税燃料油，对落户自贸试验区的保税燃料油供应企业给予政策激励；加快推进保税燃料油供应配套服务产业链的培育；加快推进保税燃料油供应码头、储罐、供油锚地等配套设施建设；优化海上供油锚地区域布局，推进海上保税燃料油供应仓库、海上加油计量技术平台建设，在外锚地进行保税燃料油加注的国际航行船舶免交船舶吨税；支持在码头、船厂开展保税燃料油加注业务。

（2）建设外轮供应服务中心。积极培育外轮供应市场主体，丰富供应品种，为进入自贸试验区的国际航行船舶提供生活用品、备品备件、物料和工程服务、代理服务等。在自贸试验区海关特殊监管区域设立外供货物配送基地，规范外供业务作业流程和收费标准，降低外轮供应成本。

（3）大力发展国际航行船舶修造业务。做大做强舟山港综合保税区船配交易市场，开展绿色船舶、海洋工程类船舶、江海联运船舶等高技术含量船舶的修造业务；推进自贸试验区船舶修造企业技术和装备升级，进一步拓展高端船舶、海工装备等修理和改装业务。

（4）拓展高端航运服务功能。大力发展航运保险、航运仲裁、海损理算、航运交易等高端航运服务业，积极推动与国际航运相关的海事、金融、法律、经纪等服务业发展；探索组建海洋保险等专业性法人机构，允许符合条件的境内外保险代理公司、保险经纪和保险公估公司等中介机构在自贸试验区设立营业机构，开展相关业务；支持基地以原油精炼为基础产品，以乙烯、芳烃等高端产品为特色，完善上下游一体化产业链，形成国际一流的石化产业集群；推进建设以石油石化为特色的国家高新技术产业开发区。

3. 配套政策

（1）争取出台自贸试验区航运开放政策，允许在自贸试验区设立外商独资和中外合资、合作企业，经营进出我国港口的国际船舶运输、货物装卸等业务；在自贸试验区设立的中外合资、合作企业可以经营国际公共船舶代理业务，外资股比率放宽至51%。大力发展转口贸易，优化中资非五星旗船舶沿海捎带业务通关监管模式。在自贸试验区实行以"浙江舟山"为船籍港的国际航行船舶登记制度和以"中国宁波舟山港"为船籍港的"方便旗"船舶回国登记制度，优化国际航行船舶营运许可、检验业务流程，落实中资"方便旗"船舶税收优惠政策。争取在自贸试验区设立进境免税店。

（2）建立国储、义储、商储、企储相结合的储备体系，允许符合条件的民营企业参与国家油品储备。完善油品储备运作模式，建立基于国储、商储的油品商业流转机制。

（3）扩大油品加工领域投资开放。赋予自贸试验区符合条件的油品加工企业原油进口资质，给予原油进口配额；鼓励国内投资商以资源、资金、技术、市场参与建设经营石化基地。允许世界一流石油化工企业以及"一带一路"沿线石油富集国企业参与投资建设。

（二）大宗商品贸易空间布局研究

舟山大宗油品贸易空间布局包括舟山大宗油品自身的空间布局和贸易辐射范围。由表5－2可以看出，我国大宗商品交易平台分布较广，几乎遍布全国各地，但各地都是根据自己的优势或特色产业设立大宗商品交易平台。舟山石油贸易除满足自身产业需要外，贸易辐射区域基本在东部沿海。

表5－2　我国重要大宗商品交易平台分布

省份	数量（个）	大宗商品交易平台
山东	12	中国化工电子交易市场
		金乡大蒜电子交易市场
		华东饲料原料电子交易市场
		日照龙鼎电子交易市场
		栖霞苹果电子交易市场

续表

省份	数量（个）	大宗商品交易平台
山东	12	寿光蔬菜产业集团商品交易所
		天地红辣椒电子交易市场
		山东寿光蔬菜电子交易市场有限公司
		山东鼎丰化肥交易市场
		青岛国际商品交易所
		青岛有色金属交易市场
		黄河商品交易市场有限公司
上海	9	上海中规钢材电子交易市场经营管理有限公司
		上海大宗钢铁巾子交易中心
		上海斯迪尔电子交易市场经营管理有限公司
		上海中联钢铁电子交易市场经营管理有限公司
		上海实美钢铁电子交易有限公司
		上海华通知银交易市场有限公司
		上海考尔煤炭电子交易有限公司
		上海石洲交易
		上海大宗农产品电子商务中心有限公司
北京	6	中国石油和化工交易市场
		北京马连道茶叶电子交易市场
		北京大宗商品交易所
		全国棉花交易市场
		金银岛（北京）网络科技有限公司
		北京兰格钢铁电子交易市场
浙江省	6	浙江中酒酒水网上交易市场
		中国轻纺城网上交易市场
		中国茧丝绸交易市场
		宁波众诚钢铁电子交易中心
		中国塑料城网上交易市场
		宁波大宗商品电子交易有限公司
广西	6	中国木薯淀粉交易市场
		南宁（中国—东盟）商品交易所

省份	数量（个）	大宗商品交易平台
广西	6	广西大宗茧丝交易市场有限公司
		广西食糖中心批发市场有限公司
		南宁大宗商品交易所有限公司
		广西糖网食糖批发市场有限责任公司
天津	5	天津考尔煤炭交易市场有限公司
		天津渤海商品交易所
		天津保税区大宗商品交易市场
		天津稀有金属交易有限公司
		天津铁合金交易所
江苏	4	汇苏东方不锈钢电子交易中心有限公司
		江苏银通塑化电子交易中心股份公司
		江苏无锡市不锈钢电子交易中心有限公司
		张家港保税区华东化工电子交易市场有限公司
辽宁	4	大连石油交易所
		大连保税区稻米交易市场
		大连北方粮食交易市场
		东北亚交易中心
山西	2	山西中太煤炭电子商务有限公司
		山西焦联电子商务殴仍有限公司
吉林	2	长春粮食交易市场有限公司
		吉林玉米中心批发市场
广东	2	广华南金属材料交易中心
		广东望料交易所有公司
陕西	2	西安大宗农产品交易所
		陕西大宗煤炭交易市场
湖南	2	长沙大宗品电子交易中心
		湖南中南大宗商品电子交易市场
云南	1	昆明品中心批发市场
河北	1	河北大宗商品交易市场
河南	1	驻马店天元芝麻托发市场有限公司

国内主要石油石化交易中心如表 5 - 3 所示。

表 5 - 3　国内主要石油石化交易中心

石油交易中心	主要内容	开业时间
上海期货交易所	1993 年推出大庆原油、90#汽油、0#柴油、250#号燃料油四个期货合同；2013 年推出石油沥青期货合约	2004 年
上海石油交易所	天然气、液化石油气现货交易；燃料油远期交易；石油沥青、甲醇、乙二醇、成品油、原油	1993 年开业，1995 年关闭，2006 年重新开业
大连石油交易所	燃料油、沥青及化工产品	2007 年
北京石油交易所	成品油、燃料油、航煤、润滑油、石脑油、液化气、甲醇	2009 年
华南石化产品交易中心	燃料油、液体化学产品	2007 年
上海南郊石油化工交易中心	成品油、化工、塑料、橡胶；推出油品化工品即期现货交易平台	2008 年
青岛国际油品交易市场	原油燃料油、沥青和化工产品	2009 年
厦门石油交易中心	93#汽油现货	2010 年

（三）大宗油品贸易的宏观政策需求研究

站在企业的角度，对大宗油品贸易的政策需求目的在于降低交易的显性成本和隐性成本。交易的显性成本指能明显看得见的支出成本，主要是指向政府和服务机构缴纳的各项税费。隐性成本是交易前、交易过程、交易后花费的看不见的人力、物力融资等成本，其中交易人员花费的时间精力成本最具隐蔽性。自贸区制定了许多财税政策降低大宗商品贸易的显性成本，从海关监管角度调整了进出关流程甚至减少手续。积极建设国际贸易"单一窗口"，可以大量减少贸易过程中的隐性成本。另外，投资类政策可以降低大宗商品贸易主体的进入门槛。

四、舟山大宗油品贸易辅助体系现状

（一）大宗油品贸易物流体系

舟山正在建设江海联运服务中心，打造国际物流枢纽岛，打造国家重要的大宗商品储备加工交易基地，培育国际一流的江海联运航运服务基地，大力发展现代港航产业集群。

发挥舟山深水岸线资源优势，可以建设一批铁矿石、石油及制品、煤炭、粮食、集装箱等泊位，增强大宗散货和集装箱的海运接卸能力。加强与长江航道、沿江港口建设时序和标准的衔接协调，提高港口资源利用效率。打造运转高效的综合集疏运体系，加强船型标准与航道、港口的衔接配套，有效衔接一、二期工程运输，统筹干支线运输发展，正在发展多式联运，完善港口与铁路、公路、内河水运、管道等衔接机制，推动口岸通关便利化，加快构建辐射中西部、对接海内外、以"水水中转"为特色的便捷、安全、高效的江海联运综合枢纽。到2020年，将新增万吨级及以上泊位20个，全市万吨级以上泊位总数达到80个以上。

石油及制品运输系统，以接卸外贸进口原油及燃料油为主，兼顾成品油运输，在册子、岙山、外钓、大长涂、黄泽山等港区集中布局大型专业化原油及燃料油泊位，在六横、小洋山、大长涂、马岙等港区集中布局成品油、液体化工品泊位。结合绿色石化基地建设，在大小鱼山布局成品油、液体化工品码头。到2020年，新增万吨级以上油品泊位7个，新增年设计吞吐能力7400万吨，总设计吞吐能力达到2.35亿吨。

（二）信息共享支持体系

（1）中国（浙江）自由贸易试验区网站（http：//www. china - zs-ftz. gov. cn/），由自贸区介绍、新闻、政策法规、产业发展、政务公开、办事服务几部分组成。自贸区介绍包括总体介绍、片区介绍、大事记三部分；新闻由自贸区要闻、通知公告、行业观察和区块动态四部分组成；政策法规由总体政策、综合类、投资类、贸易类、财税类和通关监管类六部分组成；产业发展由离岛片区、北部片区和南部片区三部分组成；政务公开由组织架构、机构职能、机构领导、信息公开指南和信息公开年报组成；办事服务由行政审批、口岸服务、便民服务、阳光政务、数据开放、信用查询和区域查询七部分组成。

（2）中国（舟山）大宗商品交易中心。2011 年 7 月 8 日，浙商所正式注册成立，意味着中国（舟山）大宗商品交易中心建设取得重大进展。浙商所按企业化模式运作，注册资本 1 亿元人民币；注册地在舟山新城中昌国际大厦；主要负责组织石油化工品、煤炭、有色金属、铁矿石、钢材、纸浆、木材等大宗商品交易，提供交易资金结算、交割及相关咨询服务。公司股东为包括武钢集团、中国国电集团、沙钢集团、光汇集团、舟山港务投资发展有限公司、舟山市国有资产投资经营有限公司、温州港集团等大型央企、国内知名民营企业和市内相关企业在内的 12 家股东单位。当前品种包括船用油、电解镍、动力煤、山茶油、松脂、良姜、苹果等。在"先行先试"政策的指导下，将建成全国重要的大宗商品综合性交易中心、结算中心和物流中心。

（3）舟山江海联运公共信息平台。目前，舟山江海联运公共信息平台已经形成港航资源、企业查询、船舶轨迹、长江水运、水文气象等 50 余项信息服务，基本实现公共服务、行业监管、数据交换、航运交易等功能，初步建成江海联运大数据中心，并与长江航运物流公共信息平台、国家交通运输物流公共信息平台实现信息互联互通。截至 2016 年底，平台入驻沿江沿海企业 700 余家，累计交换江海联运数据超过 80 万条，用户数超过 7 万家，有效提升了物流信息化、现代化水平。

（三）大宗商品贸易金融体系

到 2020 年，形成以服务油品、铁矿石等大宗商品自由贸易为主的金融服务体系，以及支持金融创新、有效防范风险的金融监管机制。

（1）支持银行业加快发展。允许符合条件的中资商业银行在自贸试验区内设立分支机构；允许外资银行在自贸试验区设立子行、分行和专营机构。支持符合条件的民营资本在自贸试验区设立民营银行、金融租赁公司、财务公司等金融机构；支持金融租赁公司在自贸试验区设立专业子公司。

（2）推进证券业创新发展。支持自贸试验区符合条件的企业开展人民币境外证券投资等业务；支持自贸试验区符合条件的个人按规定投资境内外证券市场；允许外资股权投资管理机构、外资创业投资管理机构在自贸试验区发起管理人民币股权投资和创业投资基金；支持自贸试验区所在地政府通过引入社会资本方式设立跨境人民币投资基金，开展跨境人民币双向投资业务；支持自贸试验区符合条件的基金产品参与内地与香港基金产品互认。

（3）推动融资租赁业发展。积极开展内资融资租赁企业试点，鼓励境内外投资者在自贸试验区设立融资租赁企业；加强事中事后监管，探索建立融资租赁企业设立与变更备案管理等制度；支持融资租赁企业在自贸试验区设立特殊项目公司，探索开展储油设备融资租赁业务；根据期货保税交割业务需要，在条件成熟时争取开展仓单质押融资等业务；允许自贸试验区符合条件的融资租赁企业收取外币租金。

（4）促进贸易与投融资便利化。自贸试验区内货物贸易外汇管理分类等级为 A 类企业的外汇收入无须开立待核查账户；支持建立与自贸试验区相适应的本外币账户管理体系，促进跨境贸易、投融资结算便利化；为符合条件的自贸试验区相关主体办理与油品贸易相关的跨境经常项下结算业务、政策允许的资本项下结算业务；允许自贸试验区从事油品等大宗商品为主的交易平台或交易所在约定的商业银行设立贸易专用账户，存放大宗商品交易保证金；在条件成熟时，争取在油品现货、期货交易中采用人民币计价、结算，加快推进人民币国际化。

（5）深化跨国公司本外币资金集中运营管理改革。支持发展与油品贸易相关的总部经济，在自贸试验区设立的法人机构可以根据经营和管理需要，按规定开展跨国公司外汇资金集中运营管理业务和跨国公司集团内跨境双向人民币资金池业务、享受跨境投融资汇兑便利等政策；进一步简化资金池管理，允许经银行审核真实、合法的电子单证办理经常项目集中收付汇、轧差净额结算业务。

（四）大宗油品贸易风险控制

（1）完善保险产业链。支持在自贸试验区设立服务石油行业的专营保险公司或分支机构，以及为保险业发展提供配套服务的保险经纪、保险代理、风险评估、损失理算法律咨询等专业性保险服务机构；取消自贸试验区保险支公司高管人员任职资格事前审批，由浙江保监局实施备案管理；创新石油行业特殊风险分散机制，开展能源、化工等特殊风险保险业务，加大再保险对巨灾保险、特殊风险保险的支持力度。

（2）建立健全金融风险防范体系。加强对金融风险的监测和评估，建立与自贸试验区金融业务发展相适应的风险防范机制，强化反洗钱、反恐怖融资、反逃税等工作，防范非法资金跨境、跨区流动，切实维护开放环境下金融秩序；支持构建与国际接轨的油品贸易信息统计、监测体系，建立油品交易市场风险管理体系。

（3）针对石油行业的特殊风险分散机制，开展能源、化工等特殊风险保险业务，加大再保险对巨灾保险、特殊风险保险的支持力度。石油行业的原料及产品多为易燃、易爆和有毒有害物质，生产过程多处于高温、高压或低温、负压等苛刻条件下，具有较大的潜在危险，应建立符合石油行业特点的有效的风险保障体系。通过建立针对石油行业的特殊风险分散机制，分散风险，保障油品全产业链的稳定发展。

（4）组建海洋保险等专业性法人机构，允许符合条件的境内外保险代理公司、保险经纪和保险评估公司等中介机构在自贸试验区设立营业机构并依法开展相关业务。现有的保险机构海洋保险经营专业化程度低、险种少，筹建专业化的海洋保险机构，有利于提升还海洋保险领域的服务水平和层次。同时，未来自贸区建设需要大量熟悉再保险、大宗商品贸易、特殊风险、巨灾等业务的境内外专业中介机构，提供专业化的配套服务，更为有效地分散风险和控制成本。

五、舟山大宗油品贸易发展中存在的问题

（一）实物交割环节的物流体系有待完善

大宗商品电子交易采取实物交割形式，通过物流集成化提高交割实现的效率，有助于降低运输成本，缩短买卖双方交易时间，有助于大宗商品电子交易优势的发挥。但是，目前舟山大宗油品贸易还存在一些突出问题。一是物流运行效率偏低，单位 GDP 的物流费用高；二是专业化物流供给能力不足；三是物流基础设施能力不足，尚未建立布局合理、衔接顺畅、能力充分、高效便捷的综合交通运输体系；四是物流技术、人才培养和物流标准还不能完全满足需要，物流服务的组织化和集约化程度不高。以上问题降低了运输效率，不利于舟山大宗油品电子交易优势的发挥。因此，物流集成化管理对于大宗油品电子交易意义重大。

（二）通关监管流程复杂

大宗油品贸易从国外进口商品，需要经过海关、海防、海事、边检等部门，监管部门多，每一笔都需要报备备案。尽管自贸区对进口大宗油品

手续方面作了很多简化，但对标新加坡，流程依然过于复杂烦琐。在新加坡 1 小时可以完成流程，在舟山需要 2 小时甚至 3 小时还不能走完。舟山海关已经投入使用一些报告系统，但几个部门信息共享和联动不够，许多信息还是重复网上申报。现在贸易公司还是多头报备，公司内部不得不进行人员分工，分门别类跑不同部门，然后公司不断开会协调。

（三）民营经济比例偏低，基层创新活力有待激发

中小企业中民营企业比较多，交割资金短缺及融资难。中小企业融资需求旺盛，应用电子商务的中小企业在企业创新和发展战略方面意识较强。在大宗商品电子交易中难免在经营过程中出现资金短缺问题，这就制约其进行大宗油品电子交易的进行。特别是在目前中美贸易战下，众多中小企业特别是出口加工型和国际贸易型中小企业经营困难甚至倒闭。这对于参与大宗商品电子交易的买方企业来说将直接影响其大宗商品到期交割的履行。

（四）金融工具太少，资金流通周转速度大有潜力可挖

国际自由贸易园区里面的金融政策相当自由，金融业务不限制，金融机构设立不限制，资本自由流动。浙江自贸区尽管放宽了外资银行进入的限制和资本流动、外汇管制，但总体来说，金融业务限制依然较多，金融机构设立的准入条件在数量、种类、股比和主体上的限制政策还很多，压抑了金融衍生工具的创新和使用。大宗商品贸易对资金需求量比较大，稍微上规模的贸易就需要 10 亿元以上的资金运作，一两亿元的资金规模基本产生不了规模效益，在全国市场没有竞争力。

（五）大宗油品对应产业聚集效应需进一步提升

舟山自贸区大宗商品贸易种类包括油品、有色金属和农产品。最具有条件形成产业集聚区的是油品和大宗农产品。舟山油品全产业链包括油品储备、油品中转、油品加工、油品贸易和船舶供油。油品储备包括国家储

备、商业储备和产业储备。其中，商业储备和产业储备太少，油品产业聚集的源头——原材料供应数量有限，限制了产业集聚产业下游的发展壮大。舟山油品储备、油品中转、油品加工、油品贸易彼此分割，上下游产业之间的关联度还有待进一步提升。

（六）大宗油品贸易国际化人才稀缺

国际国内大宗商品贸易需要具有实践经验的高级金融人才、高级分析师、高级国际会计师、高级交易师，需要懂整个海关交易流程和运作的人才。舟山生活成本较高，难以吸引上述人才来自贸区工作，甚至自贸区企业自己培养的人才也容易流失。根据调查，舟山自贸区许多大宗商品贸易公司的员工大部分是从外地招聘进来的，为了留住这些人才，公司开出的薪水甚至高于上海同类公司。自贸区大宗商品人才稀缺既不利于贸易的展开和做大做强，也不利于自贸区大宗商品贸易创新和发展。

六、舟山大宗油品贸易发展对策探索

作为中国（浙江）自由贸易试验区重要组成部分，舟山大宗油品贸易担负着发展地方，借鉴和制度创新示范区的任务，担负着国际大宗商品贸易自由化先导区和具有国际影响力的油品资源配置基地的任务。在此背景下，结合前面的分析，要实现舟山大宗油品贸易交易高效发展，战略上需要从以下几个方面加强。

（一）扩大贸易量，降低贸易成本

充分利用国发〔2018〕38 号《国务院关于支持自由贸易试验区深化改革创新若干措施的通知》第十六条规定，"加强顶层设计，在自贸试验区探索创新政府储备与企业储备相结合的石油储备模式",扩大油品贸易量。扩大贸易量包括扩大进口贸易量和扩大国内销售贸易量,以及提高贸易频率。只有贸易量扩大,才能实现规模经济,才能降低交易价格,提高市场竞争力。目前,政府牵头主持召开了许多贸易会议,但总体是宏观会议较多,贸易双方的供需见面会少,推介会少。以后可以多发挥大宗油品贸易协会的作用。舟山油品仓储比较松散,统一规划布局不够,真正能满足企业仓储的油库不多。不同品类燃油对油库有不同的要求。油品贸易商需要囤油时,油罐少,并且油罐的空间布局呈现大船小码头和大码头少油罐的不合理布局,严重影响了大宗油品的交易量,增加了贸易成本。除了在关税和收费方面降低贸易企业显性成本外,还可以通过规范船坞市场,规范服务标准和运输成本。隐性成本还包括公司在贸易前、贸易中和贸易后所花费的时间成本和精力成本等,通过罗列隐性成本项目,可以大幅减少这类成本。

(二) 整合大宗商品交易平台,实现信息一体化

根据国发〔2018〕38 号《国务院关于支持自由贸易试验区深化改革创新若干措施的通知》第二十一条规定,"支持在自贸试验区依法合规建设能源、工业原材料、大宗农产品等国际贸易平台和现货交易市场",大宗商品电子交易是介于期货市场与现货市场之间、以服务大宗原料商品的流通为经营目的的新型现货交易模式。大宗商品电子交易是传统批发交易模式的延伸,是新型的现货交易模式。利用电子商务技术既是管理手段也是信息平台,大宗商品电子交易市场建立的根本目的是利用这些手段服务于现货交易。目前,自贸区有中国(浙江)自由贸易试验区网站、中国(舟山)大宗商品交易中心、舟山江海联运公共信息平台等大大小小的信息公开网站或平台,它们各自为政,需要进一步优化互通。

(三) 加强金融支持和创新

从贸易企业角度,如何及时获得所需要的资金数量是交易成功的关

键。大宗商品贸易的金融属性强，交易金额动辄几亿元。舟山自贸区大宗商品贸易企业获得资金的渠道还比较单一。由于历史原因，舟山当地银行对大宗商品贸易业务不熟悉，看不懂大宗商品业务，贷款过于谨慎。舟山银行和外汇管理部门权限太少，许多事情需要请示上级部门，严重影响了舟山自贸区的金融支持和创新。金融创新也需要舟山能留住和引进大量的金融人才。高级金融人才是金融创新的关键。目前舟山自贸区在交易资金的获取方式、支付方式、交割方式等方面具有大量的创新空间，并且急迫。依托上海自贸区金融创新的外溢效应，以及舟山优质的载体资源，吸引外资银行、民营银行来舟山设立总部和分支机构，进一步拓展跨境业务、投行业务、金融市场业务等新兴领域服务，可以为舟山油品交易市场发展提供资金支撑。

（四）加强吸纳人才，降低人才需求门槛

重点是国内外行业专家和底层民间创业型人才。一是引进人才。相对于传统市场，大宗商品交易市场中的期货市场与现货中远期市场在发展过程中对人才的要求更高，需要大量技术过硬的专业性、复合型高层次人才来从事产品市场前景研判、市场指数、产品研发、市场交易工具创新、市场宣传推介等高端服务。此外，高层次人才对于大宗商品价格变化趋势有更加直接及准确的判断，可以为交易商提供最新的信息，避免因为价格波动而造成的损失。因此，应该加强大宗商品交易平台人才培养和引进工作，积极扩大人才总量、优化人才结构、增强人才储备。二是降低人才需求门槛。大宗商品贸易进口流程复杂，尽管实施国际贸易"单一窗口"模式，但依然需要高水平的业务人才才能办理完成各项手续。其实最了解复杂流程运作的是海关和监管部门等，它们是这方面的专家，有着天然的职位优势和便利。通过流程设计，一些专家型工作交由海关和监管等部门人员完成，设计出"傻瓜式"贸易服务体系，减少贸易企业对高水平人才需求，降低贸易人才需求高度。

（五）改变考核制度，促进自贸区制度创新建设

对舟山政府领导的考核方式要改变，考核指标中的投资考核指标和GDP指标权重减少、加重创新考核比重。舟山自贸区是我国沿海改革开放试验区的探索者、前行者，在新一轮的改革开放探索中，难度远远大于改革开放初期。当前中国改革进入"深水区"，改革已经不是一点一面，而是系统工程，牵一发而动全身，改革中失误的可能性比以往任何时候都高，失误就可能意味着影响投资和GDP等的下降。要鼓励改革就需要鼓励创新，不怕失败，就需要减少一些传统经济增长模式的考核指标权重。干部流动性要适度。改革是个系统工程，也是个持续性工程，改革决策计划应该具有稳定性和持续性，领导干部特别是高层领导干部过度流动性容易使改革方案变动频繁，影响改革效果和质量，甚至怀疑改革创新。

（六）增加自贸区燃料油生产，降低燃料油生产运输成本

目前全球最大的保税船用保税油供应港口是新加坡。位于马六甲海峡出入口的新加坡，不仅航线密集，而且是国际石油贸易中心、亚洲石油产品定价中心，2016年船用保税油的销量达4860万吨。而中国的保税油销量尚未达到1000吨。数据显示，2016年新加坡港的4.24万艘船只是因为燃料油停靠的，占比达20.27%。目前国内的保税油价格与新加坡存在1吨20美元的价差。新加坡是国际石油贸易中心，中国进口保税油多需要经过新加坡运到国内，增加了运费成本；舟山自贸区可以增加自贸区燃料油生产产业，降低燃料油加注成本。另外，通过油品混兑调和可以降低5美元/吨，此项业务国内目前还没有开展。

（七）建立舟山大宗油品全球配置能力指标和大宗油品交易人民币国际化指标

国发〔2018〕38号《国务院关于支持自由贸易试验区深化改革创新若干措施的通知》中第四十五条第三款规定："推动与大宗商品出口国、

'一带一路'国家和地区在油品等大宗商品贸易中使用人民币计价、结算，引导银行业金融机构根据'谁进口，谁付汇'原则办理油品贸易的跨境支付业务，支持自贸试验区保税燃料油供应以人民币计价、结算。"根据舟山自贸区的战略定位和发展目标，舟山大宗油品要实现全球配置能力和国际影响力，需要大宗油品达到一定的数量，以及其中人民币国际化程度。通过建立这两个指标体系，及时发现提升贸易量和人民币国际化过程中的阻碍，从而发现其中的问题，这样有利于倒逼舟山自贸区制度创新。另外，要实现人民币在大宗油品交易国际化，还需要积极引进国际性的金融机构落户舟山，提升跨境人民币业务水平。

（八）由一部门"最多跑一次"提升到多部门"最多跑一次"

当前，舟山口岸所有船舶进出境申报100%应用单一窗口标准版，该申报系统在舟山口岸船舶进出境申报的21个业务环节全流程应用。截至目前，舟山"最多跑一次"事项共计744主项1546子项，涉及36个舟山市级行政审批部门，实现除例外事项目录以外所有事项"最多跑一次"全覆盖。企业的油品贸易完成一个交易流程，需要与海关等多部门接洽。企业每跑一个部门，递交的资料信息许多是相同的。另外，与部门接洽的专业性特别强，需要专业人才办理贸易手续，这样就会加大企业人才引进难度和引进人才的人力资本。通过实现贸易企业业务涉及部门信息共享平台，将一个部门"最多跑一次"提升至多个部门"最多跑一次"，能有效解决上述问题。

第六章　浙江自贸区跨境电商营商环境评价指标体系构建与发展策略[*]

　　跨境电子商务是指分属不同关境的交易主体，通过电子商务平台达成交易、进行支付结算，并通过跨境物流送达商品、完成交易的一种国际商业活动。近年来，随着移动互联及经济全球化的快速发展，跨境电商的发展势头也十分迅猛，商务部发布的《中国电子商务报告》指出，跨境电商成为中国商务交易市场新热点，是我国对外贸易的重要组成部分。《2018年（上）中国跨境电商市场数据监测报告》显示，2018年上半年中国跨境电商交易规模为4.5万亿元人民币，同比增长25%。[①]根据海关总署的数据，2018年通过海关跨境电子商务管理平台零售进出口商品总额1347亿元，增长50%。其中，出口561.2亿元，增长67%；进口785.8亿元，增长39.8%。同时与跨境电商相关的政策不断出台，2018年上半年国务院在原有的13个跨境电子商务综合试验区的基础上新设22个，遍布全国25个省及直辖市。2019年3月5日，李克强总理的政府工作报告提出要再"新设一批跨境电商综合试验区"。浙江是跨境电商发展大省，一直走在跨境电商发展前列。2015年3月，中国（杭州）跨境电子商务综合试验区成立，宁波与义乌也先后成为国务院牵头的"跨境电商综合试验区"。

---

[*]　课题负责人：付雨芳。
[①]　《2018年（上）中国跨境电商市场数据监测报告》.电子商务研究中心，http://www.100ec.cn/zt/2018skjbg/.

2017 年，浙江全省实现跨境电商零售进出口总额 603.9 亿元，增长 49.6%，其中跨境电商零售出口 438.1 亿元，增长 37.2%，跨境电商零售进口 165.8 亿元，增长 96.6%。① 无论从硬环境还是软环境来看，浙江都具有跨境电商发展的肥沃土壤。从软环境来看，浙江具有庞大的电子商务及信息技术专业人才良好的政策环境。从硬环境来看，浙江具有丰富的产品与市场资源及优良的港口资源。特别是中国（浙江）自由贸易试验区的成立，为浙江跨境电商的发展带来了新的机遇。

2017 年 4 月，浙江自贸试验区挂牌成立，建立浙江自贸试验区是党中央、国务院做出的重大决策，是新形势下全面深化改革、扩大开放和提升中国资源配置全球竞争力的重大举措。《中国（浙江）自由贸易试验区建设实施方案》明确提出，要"大力发展跨境电子商务。充分利用自贸试验区政策优势，不断完善跨境电子商务海关监管、检验检疫、退税、物流等支撑系统，推进跨境电子商务配套平台建设。支持自贸试验区银行、支付机构与境外银行、支付机构开展跨境支付合作。鼓励跨境电子商务企业运用海外仓融入境外零售体系"。经过不断发展，浙江自贸试验区在油品全产业链、大宗商品、大飞机产业都做出了突出成绩，同时不断深化"放管服"改革，优化营商环境，取得了重要进展，以"最多跑一次"改革为引领，打造"审批事项最少、办事效率最高、政务环境最优"的营商环境。舟山口岸率先实施国际贸易"单一窗口"标准版进出境运输工具（船舶）"一单多报"及通关无纸化等一系列创新举措。这一系列政策的实施为浙江自贸试验区开展跨境电商业务提供了良好的政策环境及成功经验，浙江自贸试验区开展跨境电商业务既有条件又有必要，其重要意义体现在以下几个方面。

（一）满足人民群众美好生活需要的必然选择

党的十九大报告提出，新时代我国社会主要矛盾已经转化为人民群众

---

① 浙江省跨境电子商务发展报告. http：//www. zcom. gov. cn/art/2018/8/15/art_ 1384591_20460945. html.

日益增长的美好生活需要和不平衡不充分的发展之间的矛盾。受经济发展阶段、居民收入水平、人口结构变化等因素影响，我国消费结构升级步入加速期。改革开放以来，我国居民收入连续跨越式提升。2018 年，全国居民人均可支配收入达到 28228 元，名义增长 8.7%。[①] 由于互联网技术的发展及物质生活的丰富，境外消费品的可获得性大大提升，选择互联网渠道购买境外消费品的消费者数量逐年攀升，2018 年第四季度我国跨境进口零售电商交易规模为 1145.6 亿元人民币，环比增长 36.0%[②]。因此，有必要充分利用国际国内两种资源和两个市场，跨境电商行业发展将迎来更大的发展空间。

（二）加大改革开放力度的重要途径

2019 年 3 月 5 日，李克强总理在政府工作报告中两次提到"跨境电商"，既体现了国家对跨境电商行业过去发展的认可，也体现了对未来跨境电商行业的较高关注度。政府工作报告指出，要"推动全方位对外开放""继续推动商品和要素流动型开放"。跨境电商作为一种新兴的产业业态，着重与境内境外的商品交换。发展跨境电子商务既有利于境外商品满足国内市场日益增长的需求，同时也有助于国内商品出口境外，提升开放程度，扩大开放成果。同时，发展跨境电子商务也有助于"一带一路"的建设。《"十三五"国家信息化规划》首次提出网上"丝绸之路"建设优先行动以来，已有 60 多个"一带一路"沿线主要国家通过跨境电子商务构建了紧密的贸易联系。浙江自贸试验区作为我国对外开放的门户与"一带一路"建设中的重要节点，承担着重要的区位角色与历史使命。而"长三角区域经济一体化"也为浙江自贸试验区带来了广阔的供需腹地，如何利用好区位和港口优势，将浙江自贸试验区在全球的资源配置优势延伸至

---

① 2018 年国民经济和社会发展统计公报. 国家统计局，http：//www. stats. gov. cn/tjsj/zxfb/201902/t20190228_ 1651265. html.

② 2018 年 Q4 中国跨境进口零售电商市场季度监测报告. Analysys 易观，http：//www. 100ec. cn/detail－6494029. html.

国内经济腹地，为浙江自贸试验区跨境电子商务的持续发展提供有力支撑，扩大改革开放成果。

（三）充分利用浙江自贸试验区政策优势的重要手段

浙江自贸试验区、舟山港综合保税区经过不断发展，成功培育了一系列优势产业，并逐渐形成了良好的政策环境。这些成功经验及已有政策为舟山发展跨境电商提供了良好的政策环境。以"最多跑一次"改革为推动力，对各项行政审批制度进行了全面简化及信息化建设。据相关统计数据显示，舟山市本级"最多跑一次"事项覆盖率达97.66%，90%以上事项已经开通网上申报渠道。从通关效率方面来看，通过信息化系统的构建，舟山口岸全面启用国际贸易"单一窗口"，成为第一个无纸化通关口岸，全国首创实现口岸港航通关服务一体化"4＋1"申报功能等。海关、国检、税务、工商等部门都在综保区设有分支机构，为跨境电商企业注册、商品快速通关及办理相关退税结汇业务提供便利。至2017年，舟山口岸先后获批口粮食指定口岸、进口冰鲜水产品指定口岸、进口肉类指定口岸及进境水果指定口岸。国际进口商品展销中心进口商品交易逐年增加，来自日本、韩国、俄罗斯、西班牙、澳大利亚等国的商品在该展销中心向消费者展示、销售。得益于舟山港综保区"出口退税""入区保税"以及税收扶持的优惠政策，综保区封关运作后，可以直接从舟山港入关。同时，舟山背靠长三角地区，是长三角一体化的重要组成部分，不仅使舟山拥有广阔的经济腹地，也为舟山发展跨境电子商务提供了技术、人才、资金等资源。浙江自贸试验区发展跨境电子商务可以充分利用舟山本岛综保区核心位置的区位优势、依托本岛北部中转枢纽港的资源条件，承担起国家战略使命，发挥综保区的有利条件，大力发展物流配套服务，逐步发展成为长三角地区重要的以物流为主的国际采购中心和国际分拨、配送中心。浙江自贸试验区先行先试的优惠政策，是舟山突发展跨境电子商务的优势条件与政策保障。

一、浙江自贸试验区跨境电商现状分析

（一）浙江自贸试验区跨境电子商务发展现状

浙江自贸试验区跨境电子商务正处于起步阶段，从全省范围来看，舟山跨境电商出口发展水平较弱，2017年跨境网络零售出口在全省占比仅为0.2%。但自浙江自贸试验区挂牌成立开始，已初步建立集仓储、展示、交易、配送、服务为一体的综合产业模式，跨境电商产业发展重点突出，稳步推进，重点推进"9610"模式和"1239"模式。2014年5月4日，海关总署正式批准舟山港综合保税区开展跨境贸易电子商务出口试点。自此，舟山开始着力跨境电商的发展。2017年3月，《国务院关于印发中国（浙江）自由贸易试验区总体方案的通知》提出要大力发展跨境电子商务。充分利用自贸试验区政策优势，不断完善跨境电子商务海关监管、检验检疫、退税、物流等支撑系统，推进跨境电子商务配套平台建设。浙江自贸试验区的挂牌成立为跨境电商的发展提供了新的机遇，同时，各部门政策的出台也为浙江自贸试验区跨境电商的发展提供了便利的政策环境。

2017年4月28日，浙江出入境检验检疫局发布了支持浙江自贸试验区发展的26项措施，提出支持跨境电子商务产业发展，支持将杭州综试区可复制可推广的检验检疫监管制度和经验平移至浙江自贸试验区；2017年以来，舟山口岸先后取得了船舶"一单四报"全流程应用、国际航行船舶进出境通关无纸化、口岸港航通关服务"4+1"模式三项全国首创的"集成性改革创新"。至2018年12月，舟山口岸进口整体通关时间平均为33.84小时、出口为2.34小时，货物进出口时间远远低于省内其他口岸。舟山口岸先后获批进口粮食指定口岸、进口冰鲜水产品指定口岸、进口肉类指定口岸及进境水果指定口岸。2018 年 4 月，浙江自贸试验区进口非特殊用途化妆品备案试点正式启动。

在相关政策的不断支持下，浙江自贸试验区跨境电商正在逐步发展，2018 年实现舟山跨境网络零售出口额 1 亿元，同比增长 30%。浙江自贸试验区跨境电商主要从以下三方面开展建设。

1. 积极培育省级跨境电商园区

舟山港综合保税区跨境电子商务示范园区是省级跨境电商园区，集仓储、展示、交易、配送为一体。舟山综保区跨境电商示范园区一期占地面积 5000 平方米，同时预留 15000 平方米保税仓库，园区集聚了电商企业、仓储物流企业、进出口贸易企业等跨境电商产业等相关企业，日本商品"海外仓"在此建设并投入使用，园区还配套有仓储、航线、码头等基础设施。

2. 建设跨境电商平台，招引跨境电商企业

舟山港综合保税区跨境电商交易平台各项硬件条件均已具备，主要包括跨境电子商务通关服务平台（包括跨境电子商务出口通关服务平台和跨境电子商务进口通关服务平台），跨境电子商务通关管理平台（包括跨境电子商务出口通关管理平台和跨境贸易电子商务跨境协同支撑平台），跨境电子商务专用查验分拣系统。跨境电子商务出口通关服务平台、跨境电子商务进口通关服务平台集中部署在跨境电子商务云平台上，通过数据交换系统实现与两个管理平台之间以及与其他相关部门的监管系统数据互联互通。在跨境电商企业招引方面，至 2017 年 10 月运营的舟山综保区跨境电子商务示范园的电商服务企业达到近 70 家；浙江聚贸电子商务有限公司在 2018 年 4 月 15 日正式落户舟山港综合保税区；香港俊思集团"海外仓"项目正式运营；率先复制落地"进口非特"化妆品备案管理政策，2018 年 6 月完成浙江自贸试验区首例备案发放，办理速度较上海自贸试验区缩短近 4 个月。2018 年 8 月 18 日，浙江自贸试验区与阿里巴巴集团进口"非特"化妆品合作项目正式签约，已完成天猫全资子公司设立，完成新品备案 30 余个，进口额突破 2000 万美元。全峰电子商务有限公司于

2015 年入驻舟山港综合保税区，在综保区设立保税仓，在跨境电子商务进出口业务方面主要产品包括日用品和母婴用品等；西优国际货运代理有限公司在综保区内成立炯东物流公司，主要经营品种包括奶粉、保健品、小家电、鞋服等，经营方式为 B2B2C、B2C、C2C 等，于 2017 年入选省级跨境电子商务服务试点企业。浙江自贸试验区跨境电商服务有限公司成立于 2018 年 3 月 29 日，由舟山港综合保税区投资开发有限公司、舟山神码博海科技有限公司双方共同出资设立，主要经营供应链管理，保税货物仓储、配送、物流服务、代理报关报检业务等。目前已完成首单，共 25 票业务。

3. 打造集市场、仓储、展示、物流、商务、金融等功能于一体的国际商品展销中心

2018 年 1 月 27 日，浙江自贸试验区国际进口商品城正式开业，总建筑面积 7.69 万平方米，开业一年来国际商品展销中心客流量为 678661 人次，销售收入达 2198 万元。2018 年 8 月 27 日，浙江自贸试验区国际进口商品城由舟山市旅游景区质量等级评定委员会评定为国家 3A 级旅游景区，形成"商贸+旅游"的商业模式。凭借跨境电商与"非特化妆品"的优势，吸引企业到商品城进行"跨境商品展示"与"非特的化妆护理体验"，目前商品城已与跨境平台服务公司、科纳电子、日本 KS 化妆品公司等洽谈了初步合作方案，合作意向明确。

（二）浙江自贸试验区发展跨境电子商务政策环境分析

舟山于 2018 年出台《浙江舟山群岛新区海洋产业集聚区跨境电子商务产业扶持办法》。该办法从扶持跨境电商投资创业、支持跨境电商平台建设发展、助推跨境电商物流发展、营造跨境电商投融资环境、鼓励专业人才引进及跨境电商"单一窗口"平台建设 6 个方面对区域内注册设立、独立核算、面向企业和个人提供销售和服务的跨境电商企业给予相应补贴和资金扶持。主要扶持政策包括：对园区内跨境电子商务企业销售额首次达到 1000 万元、5000 万元、1 亿元和 2 亿元人民币的分别给予不超过 5 万

元、30 万元、60 万元和 100 万元人民币的一次性奖励；对上年成交额超过 2000 万美元且同比增幅超过 10% 的跨境电子商务交易平台，给予不超过 20 万元的资金扶持；同比增幅超过 20% 的，给予不超过 50 万元的资金扶持；同比增幅超过 50% 的，给予不超过 100 万元的资金扶持；重点企业可以申请日本—舟山港综保区航线海运费，宁波—舟山段集装箱内支线转港海运费以及集装箱装卸费补贴；对经认定的跨境电子商务领军企业提供最高不超过 500 万元的融资担保和累计不超过 50 万元的贷款贴息；让符合相关条件的高端跨境电子商务人才优先享受相关政策；给予每单实际报关业务费用 50%（每单最高不超过 150 元）的资金补助。从整体来看，扶持政策主要针对跨境电商企业及跨境电商平台给予一定的资金支持及人才政策支持。浙江自贸试验区跨境电商起步较晚，需要更加有力的政策支持，结合浙江自贸试验区区位特征，本部分通过对比辽宁自贸试验区（见表 6 - 1）、海南自贸试验区（见表 6 - 2）、福建自贸试验区（见表 6 - 3）、天津自贸试验区（见表 6 - 4）、广东自贸试验区跨境电商相关政策（见表 6 - 5），为浙江自贸试验区进一步优化跨境电商政策环境提供依据。

表 6 - 1　辽宁自贸试验区跨境电商政策

文件名		辽宁省人民政府关于促进外贸回稳向好的实施意见
发布日期		2016 年 8 月 27 日
序号	工作内容	备注
第二十九条	全力支持跨境电子商务发展	支持建设服务全省的"跨境电子商务通关公共服务平台"。大力培育我省跨境电子商务龙头企业，重点支持 10 个省级跨境电商平台和企业，重点培育 10 个省级跨境电子商务示范园区。推动省级公共海外仓建设，探索 B2B2C 扩大出口的新模式。2016 年，力推 3000 家传统外贸企业上线运行。对风险控制体系较为完善并有核心竞争力的自营电商企业及行业内排名靠前的平台电商企业，在出口信用保险等方面给予政策倾斜

表6－2 海南自贸试验区跨境电商政策

文件名	海南省人民政府办公厅关于进一步推进跨境电子商务发展的意见	
发布日期	2018年6月4日	
序号	工作内容	备注
1	两平台六体系建设	以海口综合保税区和洋浦保税港区跨境电商综合示范区为载体，主要打造跨境电商线上综合服务平台和线下产业园区平台；建设信息共享、金融服务、智能物流、电商信用、统计监测和风险防控体系为重点，复制推广跨境电子商务综合试验区探索形成的成熟经验和做法
2	打造线上综合服务平台	坚持"一点接入"原则，实现线上综合服务平台与商务、海关、税务、工商、检验检疫、邮政管理、外汇管理等政府部门进行数据交换和互联互通，在实现政府管理部门之间"信息互换、监管互认、执法互助"的同时，为跨境电子商务企业提供物流、邮政快递、金融等供应链服务
3	打造线下产业园区平台	采取"一区多园"的布局方式，汇聚制造生产、电商平台、仓储物流、邮政快递、金融信保、风控服务等跨境电商各类企业，有效承接线上综合服务平台功能，优化配套服务，打造完整的产业链和生态圈
4	打造信息共享体系	通过对接监管部门和各类市场主体，实现企业、服务机构、监管部门等信息互联互通，解决企业无法通过一次申报实现各部门信息共享的问题
5	打造金融服务体系	在风险可控、商业可持续的前提下，鼓励金融机构、非银行支付机构依法合规利用互联网技术为具有真实交易背景的跨境电商交易提供在线支付结算、在线小额融资、在线保险等"一站式"金融服务，解决中小微企业融资难问题
6	打造智能物流体系	运用云计算、物联网、大数据等技术和现有物流公共信息平台，构建物流智能信息系统、仓储网络系统和运营服务系统等，实现物流运作各环节全程可验可测可控，解决跨境电商物流成本高、效率低的问题
7	打造电商诚信体系	建立跨境电商诚信记录数据库和诚信评价、诚信监管、负面清单系统，记录和积累跨境电商企业、平台企业、物流企业及其他综合服务企业基础数据，实现对电商信息的"分类监管、部门共享、有序公开"，解决跨境电商商品假冒伪劣和商家诚信缺失问题

文件名	海南省人民政府办公厅关于进一步推进跨境电子商务发展的意见	
发布日期	2018 年 6 月 4 日	
序号	工作内容	备注
8	打造统计监测体系	建立跨境电商大数据中心和跨境电商统计监测体系，完善跨境电商统计方法，为政府监管和企业经营提供决策咨询服务，解决跨境电商无法获取准确可靠统计数据问题
9	打造风险防控体系	建立风险信息采集、评估分析、预警处置机制，有效防控综合示范区非真实贸易洗钱的经济风险，数据存储、支付交易、网络安全的技术风险，以及产品安全、贸易摩擦、主体信用的交易风险，确保国家安全、网络安全、交易安全和商品质量安全
10	加强线上综合服务平台	以一点接入、"一站式"服务、一平台汇总为目标，支持海外仓建设，创新金融支持模式、跨境电商监管制度、统计监测体系和商业模式，支持培育自主品牌，加大跨境电商人才培育力度
11	完善组织保障机制	强化政策支持，加大资金的支持力度；要进一步深化"放管服"改革，创新监管制度和模式；要强化人才支撑，支持高等院校、培训机构和企业自身开展跨境电商人才培训

表 6 – 3　福建省自贸试验区跨境电商政策

文件名	福建省复制推广跨境电子商务综合试验区成熟经验做法实施方案	
发布日期	2018 年 3 月 14 日	
序号	工作内容	备注
1	建立线上综合服务平台	
1.1	建立单一窗口	
1.2	推进跨境电子商务数据应用与服务	
2	构建线下产业园区平台	
2.1	推动跨境电子商务综合试验区建设	硬件建设工作
2.2	构建跨境电子商务园区体系	软件建设工作

文件名	福建省复制推广跨境电子商务综合试验区成熟经验做法实施方案	
发布日期	2018 年 3 月 14 日	
序号	工作内容	备注
3	培育海外仓发展体系	
3.1	培育海外仓发展体系	
3.2	引导海外仓规范发展	鼓励先进，做好推优工作
4	完善跨境电子商务监管体系	
4.1	创新通关监管模式	（1）对不涉及出口许可证管理且金额在人民币 5000 元以内的商品，以 HS 编码对不涉及出口征税、出口退税、许可证件管理，且单票价值在人民币 5000 元以内的跨境电子商务 B2C 出口商品，电子商务企业可以按照《进出口税则》4 位税号申报前 4 位归类，对 B2C 商品以《申报清单》办理出口通关手续； （2）实行"一地报关，多地放行"，缩减货物线上申报时间，简化核验手续； （3）优化跨境电子商务 B2B 通关手续，推行加标"DS"标识，区分跨境电子商务 B2B 与一般贸易出口，形成涵盖企业备案、申报、征税、检验检疫、放行、转关、转检等各个环节的 B2B 监管流程，便利通关
4.2	创新检验检疫流程	（1）关检"一机双屏，联合监管""一次申报、一次查验、一次放行"； （2）争取设立跨境电子商务商品质量安全风险国家监测福建分中心，在园区内建设进口肉类、水果检验场，直接入区检验； （3）争取国家部委下放进境动植物及其产品检验和进口食品、首次进口非特殊用途化妆品备案、安全审查权限等； （4）探索特殊跨境电子商务品类（如宠物食品等）业务监管模式
4.3	提升出口退税效率	（1）对被评定为一类或二类出口企业，可使用增值税专用发票认证系统信息审核办理退税； （2）规范 B2C 出口企业所得税管理，对达不到查账征收的企业可采取核定征收； （3）积极争取市场采购政策，支持在福建省有条件地区开展市场采购贸易试点，享受市场采购出口货物免征增值税政策

文件名	福建省复制推广跨境电子商务综合试验区成熟经验做法实施方案	
发布日期	2018 年 3 月 14 日	
序号	工作内容	备注
4.4	便利外汇交易结算	（1）支持银行等金融机构接入跨境电子商务公共服务平台； （2）允许货物贸易外汇管理分类等级为 A 类的企业贸易外汇收入（不含退汇业务及离岸转手买卖业务）不进出口收入待核查账户，直接进入经常项目外汇账户或结汇，提高企业资金周转率； （3）支持从事跨境电子商务业务的个人对外贸易经营者或个体工商户开立外汇结算账户，银行按"展业三原则"办理贸易收结汇、购付汇，不受个人结售汇年度总额限制
5	推动金融服务体系创新	
5.1	鼓励创新金融服务产品	支持有资质的银行、支付机构、第三方电子商务平台和外贸综合服务企业，规范推出互联网支付产品和服务创新，发挥中信保、外贸公司、商业银行、综合服务平台的优势，为跨境电子商务企业提配套金融服务
6	打造闽台物流黄金通道	
6.1	拓展闽台海空联运通道	（1）巩固已有航线； （2）鼓励专业航空公司对台延伸； （3）开辟重点城市包机专线； （4）支持跨境电商快速航线发展
6.2	拓展闽台海空联运通道	（1）扩大采信台湾第三方检测检验结果的商品政策适用范围，加快推进跨境电子商务直购进口、海运快件进口； （2）充分利用"台闽欧国际"班列，服务福建字码枢气跨境电子商务企业拓展"一带一路"沿线国家和地区市场
7	促进跨境电子商务模式创新	
7.1	拓展业务模式	（1）拓展跨境电子商务新业态，引导福建省传统出口优势行业发展跨境电子商务，探索形成具有福建省特色的"卖家＋平台＋外贸工厂"专业化发展模式； （2）支持设立境外贸易机构、海外分销中心、展示中心、海外仓等境外营销网络和物流服务网络，转变"走出去"模式； （3）结合自贸试验区开放准入政策，引进一批国际知名跨境电子商务企业

文件名	福建省复制推广跨境电子商务综合试验区成熟经验做法实施方案	
发布日期	2018 年 3 月 14 日	
序号	工作内容	备注
8	加强"互联网+外贸"品牌建设	
8.1	引导"福建品牌"卖全球	(1)引导企业在海外注册商标; (2)鼓励优质外贸企业立足自身建设,通过分销模式,提高福建制造,福建平台市场占有率
8.2	促进外贸生产企业转型升级	支持外贸生产企业与跨境电子商务深度融合,促进传统外贸转型升级
9	营造跨境电子商务生态圈	
9.1	培育新型服务业态	培育鼓励与跨境电子商务相关的人才培养服务业态
9.2	打造资源对接服务平台	鼓励制造企业和电子商务进行资源对接,完善电子商务统计办法

表 6 - 4 天津自贸试验区跨境电商政策

文件名	天津法院服务保障中国(天津)自由贸易试验区建设	
发布日期	2015 年 3 月 9 日	
序号	工作内容	备注
第二条第六款	全面加强涉自贸区案件的审判工作,构建国际化、市场化、法治化的营商环境	审慎审理国际大宗商品交易、跨境电子商务等贸易投资类案件,维护中外经营投资者的合法权益,促进投资领域扩大开放与贸易转型升级
文件名	海关总署关于支持和促进中国(天津)自由贸易试验区建设发展的若干措施	
发布日期	2015 年 5 月 13 日	
序号	工作内容	备注
第十二条	支持跨境电子商务发展	建立海关监管系统与跨境电子商务平台互联互通机制,加强信息共享。探索建立跨境电子商务平台运营主体、外贸综合服务企业、物流服务企业集中代理报关、纳税的机制。进一步完善跨境电子商务管理模式,优化通关流程,促进跨境电子商务健康快速发展

续表

文件名	中国（天津）自由贸易试验区条例	
发布日期	2015 年 12 月 29 日	
序号	工作内容	备注
第二十五条	支持跨境电子商务发展	完善海关监管、检验检疫、税收、跨境支付、物流快递等支撑系统，探索建立集中货物存储模式监管制度。鼓励开展直邮进口和保税进口业务，落实跨境电子商务零售进口税收相关政策，提升跨境电子商务涉税订单通关效率
文件名	中国（天津）自由贸易试验区条例	
发布日期	2016 年 5 月 13 日	
序号	工作内容	备注
第四条第一款	用足用好已签署自贸协定，扩大货物贸易规模	分析梳理关税减让优势产品，制定我市外贸促进政策。实施中小外贸企业提升工程，培育一批外贸综合服务企业。按照公平竞争原则，积极发展跨境电子商务，并完善与之相适应的海关监管、检验检疫、退税、跨境支付、物流等支撑系统。用好全国跨境电子商务试点城市和综合试验区政策，加快跨境电子商务平台建设，支持跨境电子商务企业建设保税仓和海外仓
文件名	中国（天津）自由贸易试验区总体方案	
发布日期	2018 年 5 月 18 日	
序号	工作内容	备注
第三条第六款	完善国际贸易服务功能	按照公平竞争原则，积极发展跨境电子商务，并完善与之相适应的海关监管、检验检疫、退税、跨境支付、物流等支撑系统。发展服务外包业务，建设文化服务贸易基地
文件名	国务院关于印发进一步深化中国（天津）自由贸易试验区改革开放方案的通知	
发布日期	2018 年 5 月 24 日	
序号	工作内容	备注
第十二条	建设新型贸易产业集聚区	创新发展跨境电子商务。鼓励企业建设出口产品"海外仓"和海外运营中心。在符合相关监管政策前提下，支持跨境电商网购保税进口商品进入海关特殊监管区域时先理货后报关。支持开展保税备货、境内交付模式的跨境电商保税展示业务

表6-5　广东自贸试验区跨境电商政策

文件名	广东省商务厅关于印发支持广东自贸试验区创新发展实施意见的通知的意见	
发布日期	2016年4月7日	
序号	工作内容	备注
第十条	支持跨境电子商务行业发展	完善自贸试验区内跨境电商商品通关模式，积极协调海关、检验检疫局等部门，制定跨境电商监管细则，优化企业备案、商品备案、申报、风险监测等各监管环节流程，实现便捷顺畅通关。争取在自贸试验区内对零售出口货物实行一定条件下的"无票免税"政策。进一步简化"有票退税"手续，推行出口退税"无纸化管理"，简化跨境电子商务报关商品归类。建设自贸试验区跨境电商公共服务平台，积极引导跨境电商企业通过公共服务平台，与关检部门进行货物、资金等信息对接，实现对跨境电商进出口交易的实时监控，交易过程中所有申报数据可视、可控、可追溯

　　5个自贸区中广东自贸试验区跨境电子商务起步最早，体量也最大。2017年，广东跨境电子商务进出口达441.9亿元；海南自贸试验区跨境电子商务起步较晚，但发展迅速，2018年海口跨境电子商务综合试验区获批，目前已累计销售231.2亿元，累积引入50家跨境电商企业，逐步铺开跨境直购业务；福建平潭与浙江舟山区位特征相似，通过优化跨境电商政策环境，2018年上半年完成跨境电商进口货值2.02亿元，同比增长310%，已开展网购保税进口、直购进口及零售出口业务。① 对比5个自贸区跨境电商政策环境的共通点，可以为浙江自贸试验区跨境电商政策环境优化提升提供以下三方面启示。

　　（1）重视信息化建设在跨境电子商务中的作用。信息化是电子商务产业的重要特征，也是提升行政服务及通关效率的基础保障，广州海关在全国率先应用跨境电子商务进口统一版信息化管理系统，从审单、查验到放行全程可在"线上"完成。各自贸试验区在政策文件中均提到要加强跨境电商信息化建设，包括"跨境电子商务通关公共服务平台"，打造"线上

---

　　① 2017年度中国城市跨境电商发展报告．电子商务研究中心，http：//www.100ec.cn/zt/17zguc-b/.

综合服务平台""线下产业园区平台""信息共享体系"，建立"线上综合服务平台""线下产业园区平台"、推进跨境电子商务数据应用与服务，积极引导跨境电商企业通过公共服务平台，与关检部门进行货物、资金等信息对接等举措。推进跨境电商信息化建设可以打通"数据孤岛"，通过数据在各个部门间的传递，减少企业行政审批时间、改善跨境商品通关流程、缩短通关时间、创新通关模式。跨境电商信息化平台的建设需要整合跨境平台交易数据、仓储与物流数据、工商、税务及海关相关数据及信息系统，因此需要对其进行顶层设计，完善信息平台功能，真正做到"数据换人"。

（2）继续推进通关流程优化，提升通关效率。针对跨境电商业务模式及产品特征创新检验检疫及通关模式，包括对 B2C 商品以《申报清单》办理出口通关手续；实行"一地报关，多地放行"，缩减货物线上申报时间，简化核验手续；优化跨境电子商务 B2B 通关手续，区分跨境电子商务 B2B 与一般贸易出口，形成涵盖企业备案、申报、征税、检验检疫、放行、转关、转检等各个环节的 B2B 监管流程；对零售出口货物实行一定条件下的"无票免税"政策；进一步简化"有票退税"手续，推行出口退税"无纸化管理"，简化跨境电子商务报关商品归类；支持跨境电商网购保税进口商品进入海关特殊监管区域时先理货后报关；支持开展保税备货、境内交付模式的跨境电商保税展示业务；协调海关、检验检疫局等部门，制定跨境电商监管细则，优化企业备案、商品备案、申报、风险监测等各监管环节流程等。随着各自贸试验区便利化措施的全国推广实施，通关流程优化应更加具体化，通过通关流程全面分析，针对各商品的风险点进行分类，针对关键风险点实习重点监管，简化通关流程。

（3）将跨境电商相关配套体系建设提升到重要位置。各自贸区分别从金融服务、智能物流、信用体系、统计监测与风险防控等方面全方位地将跨境电商产业链上的制造生产、电商平台、互联网支付、在线融资、外汇交易结算、仓储物流、金融信保、风控服务等各类企业作为政策支持及产业体系建设的重点。跨境电商配套体系的建设是跨境电商产业建设的基础，也是必要条件，两者相辅相成、互相促进，形成完整的跨境电商产业链。因此，跨境电商政策环境应系统地考虑对相关配套产业的发展支持，这需要政府通过顶层设计、政策导向及优惠政策引导跨境电商相关配套产业的发展。

二、跨境电子商务营商环境评价指标体系的构建

一个地区的营商环境是企业所必需的生存和发展环境，营商环境的优劣直接影响企业是否有进入一个地区开展经营活动的意愿，也影响企业在该地区从事经营活动的效率和效果。世界银行将营商环境定义为一个企业在开设、经营、贸易活动、纳税、关闭及执行合约等方面遵循政策法规所需要的时间和成本的条件因素。[①] 娄成武和张国勇认为，营商环境是一个地区的市场主体所面临的包括政务环境、市场环境、法治环境、基础设施环境、要素环境等在内的发展环境。[②]《2018 中国营商环境质量报告》将营商环境定义为影响市场主体行为的一系列综合发展环境的总和，包括政治环境、经济环境、社会文化环境等因素，是市场与政府、社会相互作用的结果。虽然已有研究对营商环境的定义有所差别，但都体现了市场主体在营商环境中的地位，营商环境是为市场主体服务的，同时也是为经济高质量发展服务的。因此，近年来从国家层面到各地区层面都非常重视优化营商环境的问题，并将营商环境的优化与提升作为政府工作的重点任务。营商环境的优化需要具有针对性，由于各地区的经济发展水平、已有政策

① 满姗，吴相利．国内外营商环境评价指标体系的比较解读与启示[J]．统计与咨询，2018，202（3）：29－32.

② 娄成武，张国勇．基于市场主体主观感知的营商环境评估框架构建——兼评世界银行营商环境评估模式[J]．当代经济管理，2018（6）：66－74.

体系及产业特征各不相同，营商环境的优化重点也不相同，需要突出重点、突破"短板"。因此，针对各地区的产业特点及地域特点进行有针对性的营商环境评价就显得非常重要。对营商环境进行评价是各地区以评促改，转变经济发展理论，转变政府工作方式，提高企业竞争力，推动地区经济高质量、高水平发展的重要基础。对于跨境电商产业来说，涉及境外境内多个环节，经营环境更加复杂，而目前尚未针对具体产业进行营商环境优化。本部分首先分析国内外营商环境评价指标体系的特点及其差异，然后结合跨境电商的产业特性及目前我国跨境电商发展中存在的经验、"瓶颈"与问题提出针对跨境电商的营商环境评价指标体系。

（一）国内外营商环境评价指标体系对比

1. 世界银行营商环境评价指标体系

世界银行营商环境评价指标体系是目前国际上认可度较高的营商环境评价指标体系。2003～2019年，世界银行连续16年公开发布年度全球营商环境报告（Doing Business），利用评价指标体系对各地区的营商环境进行衡量，并在全球范围内进行比较，2019年全球营商环境报告囊括全球190个国家和地区。各国将全球营商环境报告作为改进商业监管模式、提升国家竞争力的重要依据，自2003年以来，Doing Business已激发10个商业监管领域超过3500项改革措施。经过不断地探索、整理和归纳，世界银行评价指标体系逐渐形成了企业从开办至日常经营，直至破产办理的全生命周期评价体系，包括11项一级指标及43项二级指标，以此衡量一个国家或地区营商环境的优劣，具体指标如表6-6所示。

表6-6　世界银行营商环境指标体系

指标体系	测度内容
开办企业	办理程序，办理时间，费用，开办有限责任公司所需最低注册资本金
办理施工许可	房屋（仓库）建设开工前所有手续办理程序、办理时间及办理费用，施工许可系统的质量控制及安全机制
获得电力	办理接入电网手续所需程序、时间及费用，电力供应的可靠性及收费透明度

续表

指标体系	测度内容
产权登记	产权转移登记所需程序、时间及所需费用，用地管控系统质量
获得信贷	动产抵押法律，信用信息系统
保护少数投资者	少数股东在关联方交易及公司治理中的权利
纳税	公司纳税次数及所需时间，遵守所有的税务法规和报税流程对企业的贡献率
跨境贸易	进出口时间及出口成本的比较优势
合同强制执行	解决商业纠纷的时间及成本，司法程序的质量
破产办理	商业破产的时间、成本、结果及回收率，破产法律框架的保护力量
劳动力市场监管	就业监管灵活性，工作质量方面的灵活性

资料来源：根据"Doing Business 2019：Training for Reform"指标体系整理。

2. 中国城市营商环境评价指标体系

"营商环境"概念在我国兴起时间较短，且由于各省社会、经济、文化发展程度的差异，至今仍尚未形成一套适用于全国、被广泛认可的营商环境评价指标体系。许可和王瑛从企业层面对中国营商环境进行调研，调研内容包括金融准入、土地准入、商业许可、腐败、法律、犯罪偷盗及混乱、海关和贸易监管、电力获取、人力资本、劳工管理、政治稳定性、非正规部门竞争、税收管理、税负和交通问题。[①] 娄成武和张国勇以市场主体和社会公众的满意为根本判断标准，从整体感知、政务环境感知和要素环境感知三个维度设计评估指标体系。[②]

国内关于营商环境评价指标体系建设的研究正处于不断发展完善中。广东省是我国最早对营商环境进行探讨的省份之一，建立了《商务环境评价指标体系》，考虑了中国（广东）自由贸易区对外开放及国际化的发展要求，构建了以国际化、市场化、法治化为三大维度的营商环境指标体系，共有 3 项一级指标、12 项考核目标、48 项二级指标。国际化指标衡

---

① 许可，王瑛. 后危机时代对中国营商环境的再认识——基于世界银行对中国 2700 家私营企业调研数据的实证分析[J]. 改革与战略，2014（7）：118 - 124.

② 娄成武，张国勇. 基于市场主体主观感知的营商环境评估框架构建——兼评世界银行营商环境评估模式[J]. 当代经济管理，2018（6）：66 - 74.

量对外经济合作开放程度、投资贸易便利度、服务业国际化及国际影响力，包括贸易依存度、外资利用程度、引入外资项目数、对外投资开放度、民营经济走出去能力、金融服务国际化、国际旅游业发展、航运业国际化、教育国际化、城市综合吸引力、国际总部企业集聚度、国际友好城市数、各国领事馆数量、国际会议交流16项二级指标；市场化指标衡量政府与市场的关系、信用体系建设、民营经济活力、要素市场发育，包括政府在市场资源分配中的效率、减少政府对企业的干预、缩小政府规模、办理投资项目的便捷度、信用市场建设、信用满意度评价、民营经济发展程度、民营经济投资、民营经济就业人数、技术研发投入率、科技创新氛围、高新技术转化率、人才培养、人力资源流动、企业融资、土地资源供给效率16项二级指标；法制化指标衡量政府法制廉洁、司法公正透明、维护投资者权益、社会公平正义，包括制度规范的完善、政府政策的连续性、行政复议效率、政务廉洁指数、政务透明度、商事合同纠纷的司法效率、司法的透明度、行政执法效率、法律专业市场发育程度、知识产权保护程度、政民沟通渠道的畅通度、社会监督行政渠道的畅通度、社会退出机制完善程度、民生保障支出改善、社会公平、治安环境16项二级指标。

2018年，国家发改委宣布我国首个城市营商环境评价体系的初步建立，涉及企业日常运行、企业选址、融资、企业注册、纳税申报等多个方面，从衡量企业全生命周期、反映城市投资吸引力、体现城市高质量发现水平三个维度全面构建了城市营商环境评价指标体系，包括23个一级指标，并对我国东部、中部、西部及东北地区共选择22个城市进行试评价。

普华永道与财新智库、数联名品和成都新经济发展研究院联合发布了《2018中国城市营商环境质量报告》，通过构建营商环境质量指数，构建了城市营商环境质量影响因素指标体系（"GIFT"禀赋体系），对我国21个省、4个直辖市，共80个城市进行测评，涉及长三角、珠三角、京津冀、川滇黔渝等多个城市群。营商环境质量指数由"城市吸引力"和"企业发展力"两个维度构成：城市吸引力维度描述微观经济主体企业在不同城市间迁移选址落户的情况；企业发展力维度则对比和反映企业迁移前后发展状况，运用机器算法、大数据分析技术进行评分。"GIFT"指标体系包括 4 个维度：政府服务优化维度、产业转型升级维度、城市功能完善维度、人力资本集聚维度。通过聚类分析及差异性分析对各城市营商环境进行评价。中国营商环境质量"GIFT"指标体系如表 6 - 7 所示。

表 6 - 7 中国营商环境质量报告"GIFT"指标体系

维度	一级指标	二级指标	维度	一级指标	二级指标
政府服务优化维度	财政能力	财政收入规模	产业转型升级维度	创新创业	风险投资
		财政收支平衡度			科研基础
		财政补贴支出规模	城市功能完善维度	生活环境	消费价格水平
	服务质量	"一站式"服务效率			居住环境
		企业开办成本			医疗环境
		企业用地成本			教育环境
		企业日常运作成本			文化环境
产业转型升级维度	产业环境	区域协调		工作环境	通勤条件
		产业结构			办公条件
		企业结构	人力资本集聚维度	人才吸引	平均薪资
		开放发展			合同完备性
		商业风险			劳动纠纷争议处理
		资金可及性			通识型人才
	创新创业	战略新兴产业发展		人才发展	专业型人才
		创新成果转化			劳动力构成

资料来源：根据 2018 年《中国城市营商环境质量报告》整理。

粤港澳大湾区研究院从 2017 年开始发布《中国城市营商环境评价》报告，至今已发布 2 年。报告对全国直辖市、副省级城市及省会城市共 35 个大中城市的营商环境进行评价。该报告中的营商环境评价指标体系共有四级指标，一级指标为城市营商环境，二级指标包括软环境、市场环境、基础设施环境、社会服务环境、商务成本环境、生态环境共 6 项指标，三级指标及四级指标是对二级指标的进一步细化，包括 29 个三级指标及 32 个四级指标。报告通过国家统计局及相关部门发布的统计数据对各城市进行营商环境综合评价，具体指标体系如表6-8所示。

表6-8 粤港澳大湾区研究院《中国城市营商环境评价》报告评价体系

一级指标	二级指标	三级指标
城市营商环境	软环境	市场主体数（每千人市场主体数量、每千人市场主体新增数）、投资数（投资额、内外资投资增速）、人口增速
	社会服务	科技服务（科技研发投入强度）、医疗服务（每万人医疗床位数）、养老服务（城镇基本养老参保比例）、金融服务（贷款余额与GDP之比）、教育服务（高校在校生与常住人口之比）
	市场环境	GDP总量、人均GDP、地方财政收入、社会消费品额、进出口额、常住人口
	基础设施环境	机场航空吞吐量、全社会货运量、公交车数量、道路面积、轨道交通、移动电话数量、城区常住人口数
	商务成本	工业水价、电价、职工工资成本、房价收入比成本
	生态环境	雾霾指数（雾霾浓度）、天气情况、绿化指数、单位废水（单位面积废水排放量）

资料来源：根据粤港澳大湾区研究院《中国城市营商环境评价》报告整理。

对比我国目前营商环境评价指标体系及世界银行营商环境评价指标体系可以发现，在上述国内营商环境评价指标体系的建设中存在三种主要思路：一是探讨企业经营所处的社会环境、市场环境、人才环境；二是探讨政府行为及政策环境，集中在提高政府办事效率、提升社会公平公正这一层面上；三是探讨企业开设及日常运行的全生命周期必需环节所处的经营环境，这一思路与世界银行营商环境评价指标体系的构建思路较为贴近。这三种思路体现了我国营商环境评价指标体系既对标国际又具有中国特色的特点。营商环境评价的目的是以评促改，即通过对城市或地区营商环境的评价，分析该城市或地区在营商环境优化与提升中存在的问题，并通过与类似城市或标杆城市的对比，探讨各城市营商环境之间的差距，为城市或地区优化及提升营商环境提供政策依据及决策参考，最终服务于企业，使企业降低经营成本、提升经营绩效。因此，从行业或企业的角度来说，优化营商环境应结合行业特点，营造适合企业引进来、留下来，并能够得到长期发展的商业环境。因此，对营商环境的理解需要更加宽泛广义，既要从软的方面进行优化，又要从硬的方面进行优化。结合跨境电商的供应链特点、企业业务流程、跨境电商发展中的关键问题及政府工作流程，本书基于现有的国际国内营商环境评价指标体系，进行整合及补充，提出了基于企业全生命周期及价值链的跨境电商营商环境评价指标体系。

（二）跨境电子商务价值链结构

跨境电商企业与国内贸易企业不同，其产业链条较长，除跨境电商平台型企业外，围绕产业链上下游包括采购、物流、支付、营销、培训、人才等服务商对行业及企业的发展至关重要。因此，本书首先从跨境电商供应链角度，对跨境电商营商环境构建中的关键节点进行分析，整合并完善跨境电商营商环境评价指标体系。

跨境电商是不同国家或地区的商品通过跨境电商平台进行的一系列交易过程。蔡礼辉等和饶光明认为，跨境电商供应链是跨境电商利用供应链开展跨境电子交易、跨境物流、跨境供应等活动，进而把供应商、海关、物流商和最终消费者等连接成一个整体的功能网链。[①] 跨境电商与国内电子商务相比，具备电子商务单票货物数量少，交易频次高的特点，同时，跨境电商环节更加复杂，增加了海关商检、跨境支付结算、出口涉税等环节。跨境电商的运作流程主要包括以下四个部分。

1. 商品采购或企业入驻跨境电商平台

自营跨境电商平台直接向国外各品牌供应商采购商品并向消费者销售，国外品牌供应商或跨境经销商可以入驻跨境电商开放平台，通过该平台向消费者提供跨境商品。

2. 跨境商品物流及通关模式

进口跨境电商主要的运营模式可以分为三种：直邮模式，如洋码头、

---

① 蔡礼辉，饶光明. 跨境电商供应链绩效评价[J]. 财会月刊，2016（27）：78–81.

亚马逊；集邮模式，如亚马逊、天猫国际、蜜芽宝贝、小红书、京东全球购；保税进口模式，如苏宁海外购、京东全球购、1号店、唯品会海外特卖、网易考拉海购等。出口跨境电商同样适用这三种模式。

（1）直邮模式。消费者在国内电商平台下单后，商家从国外商品所在地发货，并通过国际快递运送至海关，委托清关企业为商品办理手续，海关办理通关手续，核对"三单"（订单、运单、支付单），并对进口清单进行核对，采用随机抽检或正常清关模式。通过海关后，再由国内快递企业运送至消费者手中。具体流程如图6-1所示。海外直邮模式属于比较传统的跨境物流运输方式，运输时间长，价格高昂。

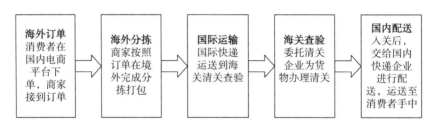

图6-1　海外直邮模式业务流程

（2）集邮模式。卖家先将产品通过第三方物流运至当地的海外仓库进行储存保管，卖家通过第三方物流提供的信息系统对商品进行远程监控。当消费者在国内电商平台下单后，第三方物流企业根据订单指令在海外仓完成分拣打包。通过海关后，再配送至消费者手中。具体流程如图6-2所示。这种物流模式的物流效率有所提高，其物流成本也有所降低。

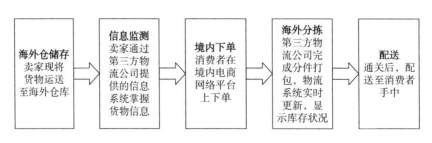

图6-2　海外集邮模式运作流程

（3）保税模式。保税模式下，卖家提前将商品运送至国内保税区的保税仓库备货，不办理入关手续。待消费者在国内电商平台下单后，再根据订单分拣打包，出库，办理清关业务，海关进行抽检。由国内物流公司运送至消费者手中。具体流程如图6-3所示。这种运输模式具有物流时间短、运输成本低的特点。

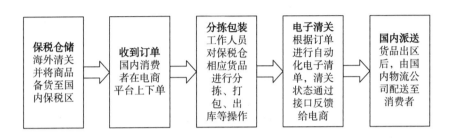

图6-3　保税模式运作流程

3. 跨境结汇及涉税服务

跨境出口业务一般包括制单、审单、交单、结汇、核销和退税环节。对于跨境进口业务，境内消费者支付的款项中包含进口环节的税收，一般由电子商务平台或电子商务企业（卖家）代收代缴，海关放行后未发生退货或修撤单的，代收代缴义务人在退货或修撤单期满后向海关办理纳税手续。自海关放行后在退货期内发生退货的，个人可申请退税。

4. 消费者通过跨境电商平台对商品进行选购并下单

同时向第三方支付平台支付商品货款及相关税费，验收货物并选择是否退货。

从上述分析可以看到，跨境电商供应链中有4个关键节点，即电子商务平台（互联网技术）、海关、物流（包括配送及仓储）以及支付结算，据此可以分析并构建跨境电商企业价值链。价值链起始于采购部门，向品牌供应商采购跨境商品。市场和销售部门通过在跨境电商平台向消费者宣传产品产生消费者需求，将消费者需求传递给采购部门，同时将订单信息反馈给库存部门，由库存部门发货，通过境内外物流合作商进行跨境商品运输，由中介提供报关服务，服务部门负责支付服务及售后服务等方面的内容。财务、会计、信息技术及人力资源管理等部门为价值链的运作提供技术、资金、人员方面的支持，如图 6-5 所示。

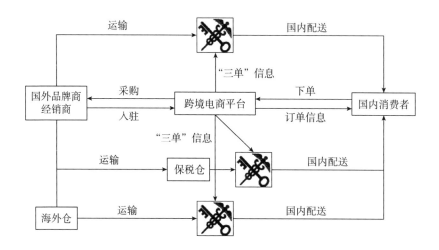

图 6-4 跨境电商供应链示意图

图 6-5 跨境电商企业价值链示意图

（三）跨境电商营商环境评价指标体系构建

跨境电子商务供应链涉及主体较多，环境、文化差异也较大，为了构建较为符合实际情况的跨境电商营商环境评价体系，本书结合跨境电商企业全生命周期、跨境电商企业价值链及我国跨境电商发展中的问题及政策环境，对跨境电商营商环境评价指标体系进行全面构建。

1. 指标体系设计原则

（1）科学合理性原则。跨境电商营商环境评价指标体系的选取要具有科学性和合理性，在相关理论的指导下，评价体系需具备合理的逻辑结构及指标层次，并尽可能考虑跨境电商的产业特点。

（2）全面性原则。营商环境评价指标体系为了更为有效，应该以全面性原则为指标体系构建基础，较为全面地考虑跨境电商供应链关键节点及社会环境，包括供应链上的各成员、企业运作层面及各方面环境因素，需结合相关定性和定量指标，尽可能囊括所有相关指标。

（3）平衡性原则。营商环境评价结果既为提升投资环境提供对比参考，同时也为促进地方经济发展提供针对性支持。因此，营商环境评价指标体系既需对标国际、对标先进，又要突出地方产业发展特点，通过指标体系建设对普适性及特殊性两方面特性进行权衡，为政府制定相关政策提供全面且有针对性的对策建议。

2. 构建跨境电商营商环境评价指标体系

整合跨境电商供应链、价值链与城市营商环境建设，对跨境电商营商环境的评价指标维度应该包括以下三个维度，即社会环境、公共服务、要素层面，如表6-9所示。

表6-9 跨境电商环境的指标维度

维度	含义
社会环境	跨境电商企业运营所在的社会环境，包括社会服务及法治化建设
公共服务	政府为跨境电商企业运营提供公共服务的效率及效果
要素环境	跨境电商企业运营所必需的生产要素的市场环境，包括自然资源、劳动力资源、技术资源等

通过分析跨境电子商务行业特点和阅读相关文献资料，结合企业经营流程，本书对世界银行营商环境评价指标体系进行了补充和完善，得出跨境电子商务营商环境评价各维度的15项一级指标，具体内容如表6-10所示。

表6-10 跨境电商营商环境评价指标体系

维度	一级指标	二级指标
社会环境	A1 社会服务	B1 医疗服务；B2 养老服务；B3 金融服务；B4 教育服务
	A2 法治化建设	B5 政府政策的连续性；B6 司法的透明度；B7 行政执法效率；B8 司法效率；B9 法律专业市场发育程度
公共服务	A3 开办企业	B10 办理程序；B11 办理时间；B12 办理费用；B13 开办有限责任公司所需最低注册资本金
	A4 办理施工许可	B14 办理程序；B15 办理时间；B16 办理费用；B17 建筑质量控制
	A5 获得电力	B18 办理接入电网手续所需程序；B19 办理接入电网手续所需时间；B20 办理接入电网手续所需费用；B21 供电稳定性和用电费用
	A6 产权登记	B22 产权转移登记所需程序；B23 产权转移登记所需时间；B24 产权转移登记所需费用；B25 用地管控系统质量
	A7 获得信贷	B26 动产抵押法律指数；B27 信用信息系统指数
	A8 保护少数投资者	B28 信息披露指数；B29 董事责任指数；B30 股东诉讼便利指数；B31 股东权利保护指数；B32 所有权和控制权保护指数；B33 公司透明度指数
	A9 纳税	B34 公司纳税次数；B35 公司纳税所需时间；B36 总税率；B37 税后实务流程指数；B38 出口退税时间
	A10 跨境贸易	B39 出口报关单审查时间；B40 出口通关时间；B41 出口报关单审查费用；B42 出口通关费用；B43 进口报关单审查时间；B44 进口通关时间；B45 进口报关单审查费用；B46 进口通关费用
	A11 合同执行	B47 解决商业纠纷的时间；B48 解决商业纠纷的成本；B49 司法程序的质量指数
	A12 破产办理	B50 回收率；B51 破产法律框架的保护指数
要素环境	A13 交通运输能力	B52 港口货物吞吐量；B53 外贸航线数量；B54 公路货运量；B55 航空货运量；B56 水运货运量；B57 物流企业数量；B58 物流企业货运量；B59 货运成本
	A14 市场活力	B60 跨境商品进口报关单数；B61 跨境商品出口报关单数；B62 跨境贸易企业数
	A15 要素市场发育	B63 技术研发投入率；B64 职工工资成本；B65 房价收入比成本；B66 人才培养；B67 人力资源流动；B68 土地资源供给效率；B69 企业融资成本；B70 外汇结算

三、浙江自贸试验区跨境电子商务发展对策

浙江自贸试验区发展跨境电子商务既有独特的优势，又存在较大"短板"。为了全面落实党的十九大精神，深入贯彻习近平新时代中国特色社会主义思想，认真落实党中央、国务院决策部署，按照国家深化供给侧结构性改革、推动形成全面开放新格局的总体要求，抓住国家"一带一路"倡议和浙江自贸试验区建设的重大机遇，以跨境电商产业为依托，以深化改革、扩大开放为动力，先行先试，创新发展模式，延伸产业链，完善服务功能，形成跨境电商进口与出口中继站，对外依托港口与航行优势辐射全球，对内依托强大的经济腹地升级消费。但由于目前浙江自贸试验区跨境电商的发展仍处于起步阶段，较国内其他地区较为落后，因此亟须对标先进，大力推动营商环境优化，让跨境电商企业进得来、留得住，提升跨境电商企业盈利能力，促进长期发展。优化跨境电商营商环境应该做到"两手抓，两手都要硬"，既需要着手于"软环境"的建设，更应加强"硬环境"的建设。

1. 优化浙江自贸试验区跨境电商物流体系

跨境电商首先具有电子商务的特性，在电子商务中，消费者与商家并不进行直接交易，而是通过网络购买商品，并由第三方物流完成整个交易的交割过程。因此，对于跨境电商的发展来说，物流是非常重要的环节，舟山具有良好的港口和航线资源，有利于全球商品集运，但水上运输时间长，时效性低，这对电子商务物流服务速度是非常不利的，因此，从这个角度来看，舟山的地理优势反而成为劣势。为了将舟山有物流的终端变为始端，必须着力推进物流基础设施建设，提升配送运输能级，降低货运物流成本，完善港口航线网络。

　　加强舟山港综合保税区仓储及其配套设施建设，以保税仓储及保税加工产业为建设重点，加强保税仓储功能，弥补航运速度慢、时间长的"短板"，缩短进口商品及出口商品运输时间。加快现代物流业发展速度，完善保税仓库周转和存放等相关功能，整合跨海大桥、港口、机场、铁路等设施功能布局，规划浙江自贸试验区各片区及各运输节点间的保税运输路线，提升普陀山机场货运功能，同时保障公路、港口、机场与保税仓库的保障运输路线，配套完善市区内物流功能布局，完善保税物流转运设施，确保物流通道便利畅通。

　　在口岸开发开放方面，保持对日直航线和"舟山—宁波"内支线业务的稳定运行，加快开通对台货运航线的进展，继续探索开通至东南亚等"一带一路"国家和地区的全货运航线和国际中转货运航班。逐步引入新的国际航线、加密现有国际航班、增开货运航班等措施，加大直航能力，增强机场的进出口货运能力，开通货运航班，提高国际机场航空运能。

　　针对舟山货运物流成本较高的问题，以集装箱业务为突破口，加强与上海洋山港合作，以宁波—舟山港口一体化为依托，紧紧抓住长三角一体化带来的机遇，通过完善保税仓储配套政策、中转集拼试点、便利化通关、免收大桥费用、降低仓储费用等政策支持，吸引更多外贸产品集装箱在舟山中转。

　　加强港口航线网络的建设，发挥舟山港口资源的区位优势，探索与沿海港口及内陆省市建立进出口网络体系，发展综合集拼、保税货物存储等业务，拓展金塘港区与上海港、宁波港、杭州港的集装箱联运中转枢纽功能。推广江海直达，为进口集装箱开通内支线，发展内贸集装箱业务，提升舟山集装箱运输量，进而完善舟山集装箱航线，吸引货物到舟山汇集出口。

　　2. 优化浙江自贸区跨境电商服务体系

　　一是要继续探索便利通关模式。通过海关、海事、港口管理部门3个单位的系统共建，打通"信息孤岛"，推动企业通关申报、物流管理、查验、放行的全程信息化服务，推动船舶代理、车队、堆场、码头等港口物流生产作业上无纸化办理，大幅度提高通关效率。创新直邮、集货、保税进口三大业务类型通关模式，对不同类型的跨境商品实施风险分级，分类管理，根据风险水平确定相应的查验模式，对风险评估确定为低风险的货物实现即验即放、快速核放。对保税仓商品实行及"进口非特"化妆品实行备案制度，进一步优化备案管理服务，加快备案速度，建设备案管理系统，实现快速通关。

二是完善企业服务工作机制，厘清企业服务中心职责，进一步推进企业"证照分离"改革，充分利用"互联网＋政务服务"，全面提高商事登记效率，压缩跨境电商企业开办时间，促进行政许可服务便利化。开展企业投资便利化提升行动，跟进企业投资项目审批管理3.0系统的推广，研究更加灵活的"一清单、双通道"管理模式，通过流程再造重整流程设计时限，探索跨境电商企业保税仓、海外仓等投资项目开工前审批"最多90天"。同时保障跨境电商企业经营要素供给，降低要素供给价格。

3. 优化浙江自贸试验区跨境电商信息化体系

从两个方面加强浙江自贸试验区跨境电商信息化平台的建设：一是跨境电商产业信息平台，整合跨境电商企业、平台企业、物流企业及其他综合服务企业基础数据，同时对接跨境电商产品信息、跨境电商物流信息、仓储信息及运营服务信息，依据企业信息对跨境电商产业链相关企业进行信用评价，依据产品、物流、仓储、运营信息实现产品源头追溯，包裹全程追踪。同时开展信息发布和信息系统外包等物流信息服务，形成信息采集、交换、共享机制。二是跨境电商公共服务综合信息平台，以跨境电商通关服务平台、通关管理平台及专用查验分拣系统为基础构建跨境电子商务通关服务平台板块，实现系统整合、数据互通，进一步整合信用体系查询、智能监管平台、工商、税务等系统，为跨境电商企业提供以口岸商贸服务为基础，延伸扩展整个舟山市政府相关服务，构建完整的线上综合信息化服务体系。鼓励银行、外汇、信用担保等相关金融服务系统对接公共服务平台，实现数据互联互通。同时引入电子商务人才电子信息，构筑人才资源公共信息平台和人才公共服务平台板块。

4. 优化浙江自贸试验区跨境电商金融环境

创新结售汇管理，完善外汇支付体系，提升跨境电商企业资金周转率。对跨境电商 B2C 企业及从事跨境电子商务业务的个人对外贸易经营者及个体工商户（C2C）外汇结算业务及售汇业务提供金融便利。根据人民币交易结算额度，对符合条件的跨境电商 B2C 企业，允许企业将相应的外汇收入直接入账或结汇，并允许企业为进口产品而提前购入人民币交易结算额相应的外汇存入经常项目外汇账户。

创新融资方式，解决融资困难。政府通过创立风险基金、安排贴息等方式，引入社会资本、降低融资成本。鼓励企业通过多种渠道融资，利用舟山在仓储及港口物流基础设施上的优势，培育跨境电商产业链，结合信息化平台的建设，提供供应链管理服务，解决货物的偷盗挪库问题、质押货物的变现问题及大数据管理问题，做强供应链管理优势；结合金融服务系统的建设，大力支持跨境电商企业通过供应链融资等新型融资方式提升资金周转能力。支持并鼓励金融机构引入应收账款融资、订单融资、预付款融资、存货质押融资业务，创新供应链金融服务方式，有效控制融资风险，为跨境电商产业链上下游企业提供多样化融资服务，做好供应链金融优势。

5. 优化浙江自贸试验区跨境电商人才环境

互联网企业需要大量的科技人才，需要加快培育引进电子商务领军型人才。以浙江省和舟山市现有人才引进、人才培养和人才激励机制为基础，进一步细化企业人才引进政策，为跨境电商重点扶持企业制定优惠条件，有计划地引进和培育一批与电子商务相关产业有关的人才，培育跨境电商服务商。注重地方高校在电子商务人才培养中的重要地位，依托地方高校培养一批高素质、高技术的电子商务人才，健全人才选拔和考评机制，形成人才储备的良性循环。重视人才引入后的生活环境构建，通过完善城市规划设计，培育一批人才生活环境优化项目，促进产城融合，包括改善居住环境、丰富精神生活、健全医疗保健、降低生活成本、完善学校配套设施及入学机制等，创造完善的生活条件，让引进的人才没有后顾之忧，为浙江自贸试验区跨境电商建设提供源源不断的人才储备。

第七章　浙江自贸区（港）离岸
金融业务之可行性*

世界正处在一个新的结构化重组进程之中，从贸易规则、产业结构、金融体系发生全方位的变化，在这个过程中，随着中国自由贸易政策的推进，以上海市、天津市、浙江省、海南省为首的多个自贸试验区迎来了新一轮的发展机遇，未来在全球如何构建新型自由贸易体系，在如何推进自由贸易试验区进一步扩大开放，探索建立自由贸易港，财税金融政策始终是一个绕不开的话题，而这其中离岸金融则是需要重点关注的发展方向。

一、世界离岸金融的主要模式及特点

离岸金融是指境外国际组织、政府机构、法人和个人等非居民参与的可自由兑换的货币行为，主要提供资本流动、借贷、结算、信托、保险、证券以及衍生工具交易等金融服务，且不受货币发行国和市场所在国一般金融法律法规限制。离岸金融是金融开放和全球化的产物，能极大地促进金融资源在世界范围内的优化配置，为国际债务结算和国际资金融通提供

---

* 课题负责人：易传剑。

便利，成为推动国际贸易快速发展的重要手段。

离岸金融的显著特点。一是低税率或"零税率"。一般在5%以下；定位主要是针对非居民业务，一般不对本国居民开放；监管制度宽松，实行最小限度的信息披露和较低的监管标准，有利于金融创新。离岸金融是"两头在外"的金融业务，主要业务之一是吸收非居民的资金，货币可自由兑换，吸收外来资金。二是服务于非居民融资需要，需求服务在外。离岸金融市场中离岸银行具有较大的竞争优势：①离岸金融享受税收上的优待，低税率或者"零税率"；②离岸银行没有利率上限，存款利率完全市场化，为了吸引客户，其通常支付的利率要高于国内存款；③通常不要求持有准备金，使其经营成本要显著低于国内银行。

20世纪60年代，离岸金融业务开始发展起来，在某些特定的国际金融中心，一些跨国银行为了避免国内对资金融通的限制和适应国际金融发展的需要，开展所在国货币以外其他货币的存放款经营业务。到了70年代，由于美元的强势崛起，以美元计价的离岸存款急剧增长，美元成为世界流通货币。离岸金融市场获得迅猛发展，除了欧洲的苏黎世、法兰克福、伦敦、巴黎、卢森堡外，亚洲的东京、美洲的纽约也很快成为新的离岸金融中心。到了80年代，随着东京离岸金融市场的建立和国际银行业设施完善，离岸金融业务开始将所在国货币纳入经营范围。但是所在国货币存放仅限于非居民，仍然没有偏离离岸金融的本质特点。到了90年代，离岸金融市场已遍布世界各地，一些岛屿型国家如开曼群岛将离岸业务作为政府的主要收入来源。

离岸金融通常都通过离岸金融中心的离岸公司进行。国际银行在离岸金融中心设立分支机构吸收非居民的资金汇集到本部，从而为母行筹措国际资金。国际银行也开展高净值客户私人银行服务，提供外汇兑换、资产规划、财富管理等。有的也开展面向同业的大额银行业务或者从事托管信托之类的非银行业务。离岸金融中心的低税率，一些金融机构也利用特殊目的实施资产证券化运作、集合投资计划以及资产管理服务。基于对本国较弱的银行体系和货币的担忧，为保护资产不受本国法律诉讼的影响，以及避税等方面的考虑，通常也有选择离岸金融中心从事资产保全、信托等业务。

离岸金融市场与国内金融隔离，使非居民在筹集资金和运用资金方面不受所在国税收和外汇管制及国内金融法规影响，可进行自由交易。离岸金融的模式包括以下几种。

（1）一体型，以伦敦、我国香港地区为代表，境内金融市场与境外金融市场的业务融为一体，银行的离岸业务与在岸业务没有严格的界限，合账处理，可开展银行，证券业务，无准备金。非居民除获准自由经营各项外汇、金融业务外，其吸收的存款也无须缴纳法定准备金。

（2）簿记型，以巴拿马、开曼群岛为代表，市场没有实际的离岸资金交易，只是办理其他市场交易的记账业务，只有记账而没有实质性业务，又称避税型离岸市场。

（3）分离型，以纽约、东京为代表，境内金融业务与离岸金融业务分账处理，主要交易对象是非居民，筹资只能吸收外国居民、外国银行和企业的存款。人为设立内外国际银行业设施分离出来。

二、开展离岸金融业务之于浙江自贸区（港）的意义

浙江自贸区（港）发展离岸金融业务对于吸引利用外资、促进经济重心转移亚洲、推进人民币国际化、增强中国金融市场对全球金融风暴的抵抗能力具有重要意义。例如，俄罗斯 2014 年外汇储备和黄金不到 4200 亿美元，当年外逃资金 1400 亿美元，但是离岸资金超过 5000 亿美元。吉利收购 5% 戴姆纳集团奔驰母公司股份，全部融资外币 90 亿美元，没有境内资金。这两个实例十分具有借鉴意义。

离岸金融市场是一个完全国际化的市场，它不受任何一国货币法的管制，主要经营境外货币，实行特有的国际利率结构。离岸金融市场和传统国际金融市场、一般金融市场具有很大区别，不仅是因为其是一个完全自由的市场，更是因为它走的是国际化路线，因为其容纳的是全球剩余资金、资本，而且其资金实力更是其他国际金融无法比拟的。事实上，50%全球跨境资产负债活动是通过离岸金融中心交易的。在离岸金融市场中，它实现了全球范围的信用借贷及信用交易，而且也有很多政治政策对离岸金融的发展提供有力支持，极大地满足了其自由交易。

浙江自贸试验区发展的目标是自贸港，自贸港的核心在于发展离岸业务，发展离岸航运贸易。自贸港离岸金融业务的开展有助于油气全产业链建设，助力油品储运中心和油品交易中心建设，也有利于波音飞机项目金融配套，推进国际海事服务基地建设。金融制度的完善与国际化程度，国际贸易与资源要素跨境流动的聚集决定了浙江自贸区（港）的区域辐射能力和国际影响力。对打造浙江自贸试验区营商环境更优、开放层次更高、国际化程度更强的开放新高地，对促进经济高质量发展具有重要意义。

自贸试验区和自贸港扩大服务业改革开放，特别是金融服务业的开放也是发展经济的重要选项。离岸金融有助于形成全球资本流动的价值洼地，形成离岸金融银行、证券、保险产业链。进入 21 世纪，岛屿型离岸金融业务逐步增长，主要业务包括银行、证券、保险等金融业务，以及船籍注册、船舶管理等非金融业务。离岸金融业务的发展和离岸金融市场的迅速扩张，促进国际银行发展，国际信贷、国际融资的增长。当然，由于离岸存款不受各国国内法规的各种限制，它对存款所在国的货币供应量、银行管制与货币政策的实施都产生了一定的影响。

自贸港可以利用离岸金融市场发展本国经济，巩固和提高国际金融地位，实现本国贸易金融的对外扩张，收益最大化，推动人民币国际化。自贸港实行更为开放、更为优惠的政策，以人民币的自由融通为基础，减少对市场的管制和干预，着重拓展人民币汇兑自由与汇率形成机制，在浙江自贸区（港）内形成人民币为主导的离岸金融交易市场，逐步实现人民币的国际化。人民币国际化 SDR 结算需求加大，2017 年 59 个主要国家投资 143.6 万亿美元，合同金额 1443.2 万亿美元。随着"一带一路"国策的推进，人民币国际化和企业全球化，中国贸易总额占全球贸易总额 11% 左右，而人民币作为储备货币，只占 1.75%，经济体量和国际化不匹配，并且对外投资用本币对国家金融安全带来很大的风险。

自贸港离岸金融中心有望成为新兴市场，尤其是中国离岸美元的集聚地，配合中国"一带一路""走出去"的战略，作为海外投资的先发地。随着资本全球化布局进一步加深，包括中国在内的国家可以充分利用离岸金融中心的便利提升海外投资的效率，扩大海外投资的收益。

当然，金融稳定性是发展离岸金融业务首要关注的问题，可以肯定的是，没有哪一次金融风暴是离岸金融造成的，离岸金融中心需要系统风控管理，离岸金融有效对冲本岸金融的危机，考验政府监管能力和货币政策。

三、浙江自贸试验区开展离岸金融业务的优势与不足

浙江自贸试验区未来有望朝着离岸金融、离岸贸易的方向发展。与传统的转口贸易相比，离岸贸易对地理位置等的要求不高，物理成本更低，而且随着数字经济的快速发展，跨境贸易的进一步增大，离岸贸易具有更大的发展空间。对外贸易的扩大势必给贸易金融的发展带来机遇。目前，国内具有开办离岸金融业务资质的银行有交通银行、平安银行、浦发银行和招商银行。作为港口城市，浙江自贸区（港）的国际枢纽港辐射能力也在迅速增强。未来随着自贸试验区进一步扩大开放，人民币国际化的进一步推进，浙江自贸区（港）内的企业及各类金融服务对离岸人民币结算需求巨大。离岸金融业务的需求会越来越迫切，为企业及金融机构提供资金

结算业务成为常态。

从当下的现实基础来看，浙江自贸试验区的不足在于金融业规模偏小、国际接触少、差距较大、体制问题、法律法规体系完善不够、风控不够。对离岸金融市场发展、管理缺乏认识。我国于1996年中断离岸业务，2002年才恢复离岸业务。浙江自贸试验区金融体量小、业务量严重影响开放。金融机构类型单一，非银行金融机构少，金融组织体系不完整。舟山目前有银行机构26家、保险机构23家，证券机构10家。金融专业人才严重不足。

综观全球的离岸金融中心，均是政治、经济、历史等区位条件的最优选择。自贸试验区来自全面开放的先行先试政策，离岸贸易金融的机遇来自金融市场的开放压力，外资银行开放迫在眉睫。习近平主席在第一届中国国际进口博览会上的讲话表明，中国将进一步扩大开放，特别是服务业开放。区位条件是地区成功建设与发展成为离岸金融中心的基础。作为浙江自贸试验区载体的舟山群岛具有得天独厚的区位条件：舟山有1390个岛屿，15米以上深水岸线95千米，进出航门水道30余条；国际贸易90%以上是通过海运完成，浙江自贸试验区旅游资源丰富，也是长三角海洋经济发展的重要区域；社会政治环境稳定，地理位置优越、自然灾害较少；地理优势基础设施日益完善，通信、技术、软件、信息、交通、安全、确保、效率、政府信用度得到提高。

四、浙江自贸区（港）离岸金融
业务预期及产业构成

随着中国经济的深化开发和全球经济整合的推进，长三角具有研发、高科技、世界一流的互联网平台优势，形成多中心及各行业为主体的国际

性城市组合体。浙江自贸试验区具有优质的生活环境和品质，人文和地理环境的不可复制性。金融合作是自由贸易的关键。浙江自贸区（港）发展离岸金融业务可以形成服务和产业的区域性优势，建立与世界级港口相对应的投融资平台，服务长三角、中国及亚太。浙江自贸试验区可以建立世界级商贸平台，开展产品服务贸易、商务会议、物流、旅游、专业服务等；可以开展传统的发达国家离岸金融服务需求最典型的包括避税、注册、保险、私人财富管理、全球化运营资金归结等。

从离岸金融衍生的产业来看，可以展开的业务有金融、投资、服务出口以及海外服务基地，开展项目融资、债务融资、商务咨询、品牌管理等。在企业设立过程中，提供中介服务、执照申领、注册变更、投资顾问服务，还可以开展物流、会计、法律咨询业务，金融大数据等，由此带来的业务链长，业态丰富，尤其是以金融服务为主，利润较高，对生态环境也没有污染。

五、浙江自贸试验区开展离岸金融业务的实施路径

从全球离岸金融业务开展来看，免税、资本自由流动、金融设施完善、地理位置有利、经济政局稳定五个条件缺一不可。浙江自贸区（港）要成为区域性离岸金融中心，必须进一步扩大金融业开放，扩大人民币跨境使用，深化外汇管理改革，探索资本项目可兑换，探索投融资汇兑便利化，为贸易投资便利化提供优质金融服务。首先，应建立内外分离型模式的离岸金融中心，然后随着离岸金融市场的不断完善，才能逐步放松管制，向渗透型转变。选择某一类具体的金融服务作为最具有比较优势的业务，并着重吸引相应的金融专业机构和人才。浙江自贸区（港）重点发展

国际航运离岸金融服务，大宗商品现货离岸交易和保税交割业务，国际航运离岸金融市场有必要从船舶融资贷款、航运离岸保险等方面对国际航运离岸金融市场加以拓展，包括船舶离岸融资租赁业务、离岸保险，引入外资保险公司开发国际航运保险产品和保险类金融衍生产品，特别是再保险公司，互助保险，巨灾保险和再保险，行运险，滨海旅游险，扩大出口信用保险，航运股权及债权离岸融资、航运运费离岸资产证券化等。建立多元化融资体系。支持跨国公司、贸易公司建立和发展全球或区域贸易网络，打造区域性离岸金融中心。

（一）推进自由贸易账户体系建设

设立人民币为本位币、本外币合一的自由贸易账户体系，方便自由贸易账户内本外币资金可自由兑换。将自由贸易账户（FT 账户）覆盖自贸试验区，允许试验区内所有金融机构和经认定的企业使用 FT 账户，试验区 FT 账户与境外账户实现经常项下和资本项下的自由兑换；在审慎监管的条件下，彻底打通 FT 账户下跨境人民币融资和跨境外币融资渠道，且对跨境人民币融资不设总额限制。引入上海的合格境内有限合伙人（Qualified Domestic Limited Partner，QDLP）模式和深圳的合格境内投资企业（Qualified Domestic Investment Enterprise，QDIE）模式，即允许注册在舟山自贸区（港）境内外合格机构投资者在国内募集人民币，换汇后投资境外资本市场、房地产和私募基金；对于部分高净值人群以及高级专业人才，外管局可以单独给予较高的 QDLP 和 QDIE 投资换汇额度。对一些国际化的国有企业和民营企业来讲，这些企业通常都会有相当比例的资产以外汇形式放在境外。如何让这部分资金成为我国外汇的一部分，并且成为可以自由流动的资金，这是自贸试验区金融开放的一个问题。

（二）完善金融基础设施建设

一是基础设施包括硬件和软件的建设。硬件部分包括基本的办公、营商设施，城市市政建设等，主要目的是提供良好的环境，吸引金融服务人才来当地。硬件还包括金融产业的特定内容，例如数据存储与交换设备、防灾备灾系统等。二是完善金融体系上的产业环节。离岸银行及其他金融机构设立便捷，灵活适度的监管措施可以吸引国际银行进驻。也包括设立海洋产业基金、离岸基金、对冲基金、私募股权基金、房地产基金等。三是采用适度平衡的监管体系，在投资目标、风险、服务提供商和其他商业事务方面没有不必要的许可规定。

（三）制定配套法律政策

主要包括放开外汇管制，外汇可以自由进出，外国投资者的资本、利润、利息和红利等可以随时自由汇出；公司股比不受限制，所有公司可100%外国所有权。避免双重征税，包括股息红利税、利息税、所得税、资本利得税。外汇能够自由买卖，跨境资本也能够自由流入流出，免除对外币存款准备金的要求。同时，设立独立专业的金融监管机构，由具备金融专业知识的转让专业人士负责制定实行金融方面的管理制度。同时，健全行政体系、司法体系，维护境外投资者的利益。

（四）强化风险控制

防范恐怖分子融资以及反洗钱、反逃税，建立完善的反洗钱制度体系；针对高风险客户设定准入门槛，采取相对应的准入、持续监控和其他控制措施。对具有洗钱风险特征的客户、业务关系或者交易，做好跨境汇款业务和贸易融资业务项下的反洗钱管理，对潜在的风险客户开展充分的客户尽职调查，识别每个客户可能带来的洗钱和恐怖融资风险。针对高风险离岸业务、产品加大监管和控制；严格执行联合国、美国、欧盟发布的金融制裁规定，确保风险合规业务对管控范围的全覆盖；严格执行全流程制裁名单检索，包括创建客户关系、办理跨境汇款和办理跨境贸易融资等业务。此外，对于来自高风险国家的客户和业务必须采取严格的审查措施，严格执行高风险国家清单。

（五）人才支撑

通过完善基础设施、改善居住条件、交通便利化等方式克服人才吸引问题。特别是通过培养本土金融服务人才，即是对金融服务能力的有力补充。而浙江自贸区（港）具有良好的自然生态环境，生活宜居，加之不断推进的铁路、航空网络建设，对人才的吸引力大大增强。

第八章　落实国务院关于自贸试验区创新举措　推进浙江自贸试验区人力资源领域先行先试*

国务院在近期印发了《关于支持自由贸易试验区深化改革创新若干措施的通知》（以下简称《通知》），提出了53项支持自贸试验区深化改革创新的具体举措，包括营造优良营商环境、提升贸易便利化水平、推动金融创新服务实体经济、推进人力资源领域先行先试四大领域的创新措施，涵盖国际贸易"单一窗口"拓展航空、铁路舱单申报等新功能，在自贸区有限落地各项金融业对外开放措施，给予自贸区有针对性的扶持政策，补齐功能"短板"，促进新产业、新业态、新模式发展，培育发展新动能。《通知》中强调体现特色定位，53项支持措施中有14项适用于特定自贸试验区。如支持浙江自贸试验区加强顶层设计，在自贸试验区探索创新政府储备与企业储备相结合的石油储备模式，推动与大宗商品出口国、"一带一路"国家和地区在油品等大宗商品贸易中使用人民币计价、结算。《通知》中涉及航空领域的创新举措对于浙江自贸试验区波音产业园的建设也有较好的先行先试价值。然而，当前浙江自贸试验区在发展过程中面临着产业发展动力相对不足，人才引进和使用有效性欠佳等瓶颈。人才或人力资源的创新引进和使用对自贸试验区产业发展的推进作用是相互的、互补的而又是必要的，人才和产业是自贸试验区发展和创新的两大引擎。在当前全国各地"抢人才大战"的背景下，浙江自贸试验区应结合国家给

---

* 课题负责人：全永波。

予自贸试验区的特有创新政策，紧密结合浙江自贸试验区发展的实际，抓紧形成对策，形成自贸试验区发展的多元人才集聚，构建人力资源相关的先行先试机制。

一、国务院关于人力资源先行先试的创新措施

国务院《通知》中关于人才和人力资源发展的创新措施除了标注适用于特定自贸试验区的措施外，适用范围均为所有自贸试验区的措施主要包括两个领域。

（一）营造优良营商环境

放宽外商投资建设工程设计企业外籍技术人员的比例要求、放宽人才中介机构限制；进一步放宽对专利代理机构股东的条件限制，新设立有限责任制专利代理机构的，允许不超过 1/5 不具有专利代理人资格、年满 18 周岁、能够在专利代理机构专职工作的中国公民担任股东。

（二）推进人力资源领域先行先试

增强企业用工灵活性，支持自贸试验区内制造企业生产高峰时节与劳动者签订以完成一定工作任务为期限的劳动合同、短期固定期限劳动合同；允许劳务派遣员工从事企业研发中心研发岗位临时性工作。将在自贸试验区内设立中外合资和外商独资人才中介机构审批权限下放至自贸试验区，由自贸试验区相关职能部门审批并报省（市）人力资源社会保障部门备案。研究制定外国留学生在我国境内勤工助学管理制度，由自贸试验区制定有关实施细则，实现规范管理。鼓励在吸纳非卫生技术人员在医疗机构提供中医治未病服务、医疗机构中医治未病专职医师职称晋升、中医治

未病服务项目收费等方面先行试点。推进人力资源领域先行先试方面还有两条是专门适用广东自贸区和上海自贸区的，浙江自贸区不适用。

二、浙江自贸试验区人才机制的不足

人才是第一生产力，是支撑自贸试验区发展的重要动力。但是，当前浙江自贸试验区高层次高技能人才短缺，特别是在自贸区建设中与重大产业如绿色石化、航空、油品贸易、船舶海工、港航物流等领域的高技能人才不足，支持自贸区政策创新、技术研发的高端研究型人才更是严重短缺，这已经成为制约自贸区以及基于自贸区拉动的浙江沿海地区产业创新发展的重要症结。近年来，浙江自贸试验区多措并举，积极引进、培养人才，人才匮乏现象有所缓解，但相较国内外先进地区，人才规模与质量仍存在较大差距。尤其当全国各地在愈演愈烈的人才抢夺战和激烈竞争的招揽人才形势下，各地纷纷在优化营商环境、提高人才待遇、构建发展平台等多项措施招揽优秀人才，这些也给浙江自贸试验区人才落地带来了很大的压力。当前，制约自贸区人才引进和培养的机制性因素主要包括以下几项。

其一，企业引才意识相对落后，不少企业"等靠要"现象还比较明显，主动设计谋划引才引智项目的意识还存有欠缺。船舶修造、水产品加工等传统产业一直处在较低端产业链上，企业普遍眼界不高、引才意识不强、国际化思维欠缺。

其二，人力资源结构不合理，自贸区现有产业吸引高端人才、支撑人力资源有效盘活的基础不够。海洋产业现有人才多为一般性人员，海洋新兴产业、高新技术产业中的研发型、创业型人才，支柱产业中的高精尖人才严重匮乏，引进力度不大。整体水平较低，无法满足快速发展海洋经济和打造舟山群岛新区的需求。

其三，人才引进、开发使用机制落后，优秀急需人才引进政策不够宽松，人才引进和使用中的个税收机制不灵活。本土人才培养进程缓慢，欠缺对外交流合作，院校特色专业不明显等现象严重制约了海洋特色高端人才的培养。人才制约直接影响外来资金在舟山投资发展，限制了浙江自由区的建设进程。

三、推进浙江自贸试验区人力资源先行先试的对策

（一）完善人才和人力资源服务的营商环境

放宽要求设立人才中介机构，制定和完善人才中介服务机构引进管理办法，引导和支持其来舟落户，与国际人才中介机构合作或在海外设立分支机构，探索外商在自贸区设立人才中介服务机构，对符合条件的企业给予资金补助和奖励政策。

引进或培育专利代理机构，利用自贸区的特殊政策，通过专利代理机构的设置带动创新型科技类投资落地和人才吸引。通过给予企业引智项目补助、"海外工程师"申报补助、引才补助，鼓励和帮扶企业引进海内外人才创新创业，探索将企业、院所申报科研项目、科技攻关、利用外国专家技术改造传统产业等科技创新工作目标化，并作为支持企业参与重大工程建设的条件之一，以此挖掘和推动企业对海内外人才智力的需求。

依照国务院关于自贸区的人力资源领域的先行先试政策，研究制定外国留学生在我国境内勤工助学管理制度，由浙江自贸试验区管委会牵头联合相关管理部门、招收外国留学生的高校如浙江大学海洋学院、浙江海洋

大学等制定有关实施细则，实现规范管理。

依托自贸区现有大型项目和产业体系，发挥多元产业尤其服务业的支撑作用，为人才在家属就业、子女入学、生活起居等方面提供相应的基础保障。

（二）完善人才引进和人力资源开发的工作机制

围绕大宗商品贸易、油气全产业链、航空产业、海洋旅游等产业及自贸区绿色石化、航空产业园等重大项目对海内外人才智力的需要，制定专项方案，开辟专门渠道，实行特殊政策，实施精准服务，加快推动引才引智工作。

劳动行政管理部门积极引导，按照自贸区特有的政策，进一步增强企业用工灵活性。完善人才和人力资源的评价考核机制，坚持市场评价，探索由第三方机构和用人单位主体，来科学评价和考核人才的贡献。

按照浙江自贸试验区培育健康产业的建设目标，结合国务院下达的"中医治未病服务"的创新政策，由卫生行政管理部门制定细则，在吸纳非卫生技术人员、专职医师职称晋升、服务项目收费等方面先行试点。

（三）搭建人才引进和培养的载体和平台建设

利用社会力量和第三方服务平台，利用多元途径开展人才引进、人力资源开发和集聚。继续强化与国内外知名行业（专业）协会、海内外校友会、海外留学人员社团、海外侨团组织、舟山同乡会等机构的联系，适时组建一批海内外引才工作站，聘请一批海内外引才引智大使，有效地搭建起政府、市场和用人单位之间的合作桥梁。

积极搭建智力合作平台，运用浙大海洋学院、浙江海洋大学、浙江国际海运职业技术学院、新区旅游与健康职业学院等高校的平台资源，创建以自由贸易、海洋经济、江海联运、绿色石化、旅游健康等为主题的系列高端论坛，邀请海外学术精英和国内外专家开展论坛交流，为加快自贸区发展提供海外高端智力支持。

用好用活会展平台资源，积极参加欧美浙江海外高层次人才项目对接活动、中国香港现代服务业高端人才招聘会等平台，主动谋划和召开海内外高层次人才项目合作洽谈会，巧打"自贸牌""健康牌""旅游牌""文化牌"。

进一步拓展海内外引才渠道，深化与国际顶级智库和"一带一路"沿线国家的智库合作。融入大湾区建设，继续加强与长三角、珠三角、环渤海湾地区在人才交流与合作、人才对口培训、互派交流和多边横向交流。